Die

Schuldverschreibungsgläubiger

im Konkurse der Hypothekenbank.

Von

Bruno Stern,
Dr. iur. et rer. pol.

Berlin 1904.
J. Guttentag, Verlagsbuchhandlung,
G. m. b. H.

Inhaltsverzeichnis.

I. Einleitung.

II. Das Wesen der Hypothekenbankobligationen im allgemeinen.

III. Die Rechtsstellung der Obligationäre im Konkurse der Bank.

I. Einleitung.

§ 1. Literatur.

Die nationalökonomische und banktechnische Literatur über die Hypothekenbank im allgemeinen und ihre Pfandbriefe im besonderen ist außerordentlich umfangreich; sie umfaßt eine Reihe hervorragender Arbeiten, insbesondere sind unter den älteren Schriften die von Zimmermann, Freiherrn von Stengel und Koch, unter den neueren die Riessers, Bodo Lehmanns, und vor allem die Werke Hechts zu erwähnen. Weit spärlicher hingegen ist die Zahl der juristischen Abhandlungen. Außer den Erläuterungen des Hypothekenbank-Gesetzes von Göppert, Merzbacher, Hillig und Bonschab kommen hier vor allem wiederum die Ausführungen Hechts, dann die Kohlers in seinem „Leitfaden des Konkursrechts" 1903 S. 105, 111, 193, Jaegers in seinem Kommentar zur K.O. zu §§ 47, 61, 138 f., 145, 207 f., Rehms in seinem Werk „die Bilanzen der Aktiengesellschaften usw.", Königes in seinem Kommentar zum Schuldverschreibungsgesetz, Schultzes in seiner Monographie „Treuhänder im geltenden bürgerlichen Recht" in Jherings Jahrbüchern Bd. 43 S. 96 ff., Gunzs „Die rechtliche Natur des Treuhänders im Hypothekenbankgesetz" und die grundlegende Abhandlung Lothar Seufferts in Buschs Zeitschrift für deutschen Zivilprozeß Bd. 25 S. 101—124 in Betracht.

Die den Schluß dieser Arbeit bildende Zusammenstellung der Hypothekenbank-Literatur erhebt keinen Anspruch auf Vollständigkeit.

§ 2. Begriff und Wesen der Hypothekenbank.

1. Die Hypothekenbanken sind, wie ihr Name sagt, Banken, d. h. geschäftliche Unternehmungen, die sich der Kreditvermittelung

in der Weise widmen, daß sie sowohl Darlehen nehmen, als Darlehen gewähren.

Auch unter den Banken ist eine gewisse Arbeitsteilung notwendig: denn nicht alle Geschäfte eignen sich für eine und dieselbe Anstalt. Den Hypothekenbanken kommt neben anderen die Pflege des langfristigen Kredits, des Immobiliarkredits zu; sie sind deshalb in die Gruppe der Realkreditinstitute[1][2] zu rechnen[3]. Indeß ist ihnen auch die Pflege gewisser anderer Kreditarten nicht benommen; insbesondere kommen die Kommunal- und Kleinbahn-Darlehen[4] für sie in Betracht. Unter den Voraussetzungen des § 46 H.B.G. können sie sogar die Pflege des Personalkredits in den Bereich ihrer Tätigkeit ziehen. Dies hat aber mit dem Wesen der Hypothekenbank nichts zu tun. Ihrer Bestimmung gemäß gewähren die Hypothekenbanken auf der einen Seite Darlehen gegen Bestellung von Hypotheken oder Grundschulden;[5] auf der anderen Seite verschaffen sie sich, um der ersteren Aufgabe gerecht werden zu können, zu ihrem Aktienkapitale weitere Geldmittel durch Ausgabe von Schuldverschreibungen.

Ihre Entstehung führt auf die Landschaften zurück;[6] im Gegensatze zu diesen sind sie aber nicht als Korporationen von Grundeigentümern, sondern vielmehr als Kapitalgesellschaften — „selbstständige Unternehmer"[7] — organisiert.

Unrichtig ist es, die Hypothekenbanken als „Vereinigungen der

---

[1]) § 248 B.G.B. gilt daher für sie (vgl. Dernburg, Das bürgerliche Recht des Deutschen Reiches u. Preußens, Bd. 2 § 23 S. 56).

[2]) Vgl. auch ihre Bezeichnung als „Bodenkreditanstalten", „Grundkreditbanken" usw.

[3]) Hecht „Die Organisation des Grundkredits in Deutschland", Abt. I Bd. 1 S. 1 ff.

[4]) § 5I Z. 2 u. 3 H.B.G. — Stärkerer Betrieb des Kommunalkreditgeschäftes erscheint im Interesse des Kredits der Kommunen — speziell der kleinen Kommunen, die nicht so leicht wie große und mittlere Gemeinden selbst Anleihen aufnehmen können — wünschenswert; vgl. Salings „Börsenpapiere", Teil I S. 77 ff.

[5]) Die „Rentenschuld" gilt hier (§ 40 H.B.G. entgegen § 1199 B.G.B.) nicht als „Grundschuld"; arg. § 52 H.B.G.; vgl. auch Begr. II zu § 39II.

[6]) Über ihre Geschichte vgl. insbes. Zimmermann in Buschs Arch. f. H.R. Bd. 15 S. 230 ff.; Wegener in den Annalen 1898, S. 558 ff.; Lehmann S. 1—14; Dove S. 10—22.

[7]) Gerber-Cosack, System des deutsch. Priv.-Rechts (17. Aufl. 1895), S. 262.

Darlehensgläubiger" zu bezeichnen.[8]) Damit wird man ihrem Wesen, das in der Vermittlung zwischen dem kreditbedürftigen Grundbesitz und dem anlagesuchenden Kapital besteht, nicht gerecht. Denn die in den Hypothekenbanken vereinigten Personen (die Aktionäre) stellen ihr Kapital nicht hauptsächlich zur Beleihung von Grundstücken, sondern in erster Linie zur Vermittlung der Beleihung in Dienst. Die Bank — nicht der einzelne Aktionär — ist Gläubigerin der Darlehensnehmer.[9])

Wirtschaftlich[10]) betrachtet unterscheiden sich die Hypothekenbanken von den Landschaften auch dadurch, daß erstere regelmäßig Erwerbunternehmungen sind und in der Kreditgewährung vorwiegend auf den städtischen Grundbesitz Rücksicht nehmen. Juristische Bedeutung hat diese Unterscheidung nicht; insbesondere bedingt der Begriff der Hypothekenbank keineswegs ihren Charakter als Erwerbsunternehmung.[11])

2. Die Hypothekenbanken im Sinne des geltenden Rechts[12]) sind Aktiengesellschaften bezw. Kommanditgesellschaften auf Aktien,[13])[14]), die mit Rücksicht auf den Gegenstand ihres Unternehmens besonderen Rechtsnormen unterliegen. Ihre besondere Regelung ist durch das Hypothekenbankgesetz (Reichs-Gesetz vom 13. Juli 1899) getroffen. Paragraph 1 dieses Gesetzes definiert sie als „Aktiengesellschaften und Kommanditgesellschaften auf Aktien, bei welchen der Gegenstand des Unternehmens in der hypothekarischen Beleihung von Grund-

---

[8]) Abw. Engelmann, das „Bürg. Recht Deutschlands", 3. Aufl., 1903, S. 646.

[9]) Koch „über Inhaberpapiere mit Realsicherheit" in der Behrend-Dahnschen Zeitschr. f. d. deutsche Gesetzgebung u. f. einheitliches deutsches Recht, Bd. 8 (1875) S. 325 ff.; Leser „die Hypothekenbanken und ihre Jahresabschlüsse", 1879, S. 2.

[10]) Zutreffend hebt Engelmann a. a. O. diesen Gesichtspunkt vor.

[11]) Unrichtig bezeichnet Seidel (in Holdheims Monatsschrift für H.R. und Bankwesen, XI. Jahrg., 1902, S. 181) die Hypothekenbanken unter Verweisung auf die Legaldefinition in § 1 H.B.G. als „reine Erwerbsgesellschaften".

[12]) Vor Inkrafttreten des R.H.B.G. (1. Jan. 1900) war der Begriff der Hypothekenbank ein weiterer. — Unrichtig Leser, der schon 1879 unter Hypothekenbanken nur Aktien-Hypotheken-Banken verstand. (Leser a. a. O. S. 3.)

[13]) Der Entw. I gestattete außerdem die Form der Gesellschaft mit beschränkter Haftung; diese ist aber bereits in der dem Reichstage vorgelegten Fassung (E. II) in Wegfall gekommen.

[14]) Hypothekenbanken in Form der Kommanditgesellschaften auf Aktien existieren zur Zeit nicht.

stücken und der Ausgabe von Schuldverschreibungen auf Grund der erworbenen Hypotheken besteht."[15])

Über den Gegenstand des Unternehmens gibt bei Aktiengesellschaften und Kommanditgesellschaften auf Aktien der Gesellschaftsvertrag Aufschluß.[16]) In diesem also muß der Betrieb des Hypothekenbankgeschäftes angeordnet sein. Der Gegenstand des Unternehmens besteht notwendigerweise in der Beleihung von Grundstücken gegen Hypothekbestellung und in der Ausgabe von Schuldverschreibungen auf Grund der erworbenen Hypotheken. Hierauf muß sich die Tätigkeit der Hypothekenbank erstrecken; doch ist dies nicht zugleich der ausschließliche Kreis der zulässigen Hypothekenbankgeschäfte; als solche kommen vielmehr auch noch andere, insbesondere einige sonstige Hypotheken- und Darlehensgeschäfte, Kommissions-, Depot- und Inkassogeschäfte und die unerläßlichen Hilfsgeschäfte in Betracht.[17])

Gewissen Gesellschaften ist ebenso wie dem einzelnen Menschen[18]) der Betrieb eines Unternehmens der bezeichneten Art untersagt.[19])

Andererseits aber ist auch nicht jedes Unternehmen, welches die im § 1 H.B.G. bezeichneten Geschäfte betreibt, Hypothekenbank im Sinne des geltenden Rechts; insbesondere fallen unter diesen Begriff weder die Landschaften, noch diejenigen Bodenkreditanstalten, welche in die Rechtsform des Vereins gekleidet sind,[20]) noch auch jene Genossenschaften, denen der Betrieb von Hypothekenbankgeschäften noch ferner gestattet ist; sie alle unterliegen daher den Bestimmungen des Hypothekenbankgesetzes nicht.[21])

---

[15]) Dieser Begriff gilt auch für den § 45 I H.B.G.

[16]) §§ 182 Abs. 2 Ziff. 2, 322 H.G.B.

[17]) §§ 5, 40, 46 H. B. G. Die Zulässigkeit gewisser Hilfsgeschäfte folgt aus ihrer Notwendigkeit; einer besonderen Rechtsquelle — wie hinsichtlich der übrigen Geschäfte — bedurfte es darum nicht.

[18]) Das Gesetz spricht von „einzelnen Personen": hier ist unter „Personen" entgegen der sonst üblichen Ausdrucksweise nur der Mensch, nicht aber auch die juristische Person verstanden.

[19]) § 2 H.B.G.

[20]) Derartige Gebilde können auch in Zukunft errichtet werden (Begr. II S. 938) und erlangen als Vereine, deren Zweck auf einen wirtschaftlichen Geschäftsbetrieb gerichtet ist, Rechtsfähigkeit durch staatliche Verleihung (§ 22 B.G.B.)

[21]) § 45 des Ges.: übereinstimmend: Hillig S. 2; Bonschab S. 51; Göppert S. 1 und 99; dagegen unrichtig hinsichtlich der eingetragenen Genossenschaften: Rehm (die Bilanzen der Aktiengesellschaften, 1903, S. 185 Anm. 4), der die eingetragenen Genossenschaften, denen der Betrieb des Hypothekenbankgeschäftes gestattet ist, zu den

Ausländische Institute gelten als Hypothekenbanken nur dann, wenn sie als solche landesrechtlich zugelassen wurden (§ 12 Gewerbe-Ordnung; § 201^{V} H.G.B.[21a]) Nur unter dieser Voraussetzung sind sie dem Hypothekenbankgesetz unterworfen. Wird über das Inlandsvermögen einer im Inland als Hypothekenbank anerkannten Auslandsbank der Konkurs eröffnet (§ 238 K.O.), so gilt zweifellos auch in diesem Verfahren der § 35 H.B.G.[22]).

Auch deutsche Aktiengesellschaften und Kommanditgesellschaften auf Aktien dürfen die Tätigkeit einer Hypothekenbank nicht ohne weiteres entfalten; Voraussetzung ist vielmehr die Genehmigung durch den Bundesrat, bezw. wenn die Hypothekenbeleihung nach der Satzung der Hypothekenbank nur im Gebiete desjenigen Bundesstaates erfolgen soll, in welchem die Bank ihren Sitz hat, die Genehmigung durch die Zentralbehörde dieses Bundesstaates.[23]) Der Rechtsbestand der Hypothekenbank und die Gültigkeit ihrer Geschäfte werden zwar durch den Mangel der zur Ausübung des Geschäftsbetriebes erforderlichen Genehmigung nicht berührt; jedoch erscheint beim Mangel der Genehmigung ein Einschreiten der Aufsichtsbehörde (§ 3 H.B.G.) veranlaßt. Übrigens kann schon die Eintragung der Hypothekenbank in das Handels-Register nur nach Vorlegung der Genehmigungsurkunde erfolgen.[24])

Aus der verschiedenen Begrenzung der Beleihungstätigkeit (auf den Bundesstaat des Banksitzes[25]) oder auch auf andere Bundesstaaten) ergibt sich eine Einteilung der Hypothekenbanken, die nicht ganz bedeutungslos ist.

In zweiter Linie werden die **reinen** und die **gemischten** Hypothekenbanken einander gegenübergestellt. Unter ersteren sind diejenigen zu verstehen, welche ihre Wirksamkeit auf die im § 1 des H.B.G. benannten Grundgeschäfte und die in § 5 desselben Ges. bezeichneten Nebengeschäfte beschränken. Gemischte Hypothekenbanken dagegen sind solche, welche auch noch andere Geschäfte betreiben. Die

---

„Hypothekenbanken" zählt und daher auch den Bilanzvorschriften des Hypothekenbankgesetzes unterwirft. — Nach dem E. 1879 sollten genossenschaftlich organisierte „Hypothekenbanken" zugelassen werden.

21a) Vgl. hierzu Hecht, das Hypothekenbankrecht, § 2.

22) Wohl abw. Kohler, Leitfaden, S. 111.

23) § 1 H.B.G.

24) §§ 195 Abs. 2 Z. 6, 320 Abs. 8 H.G.B.

25) Über: Verlegung des Banksitzes, vgl. Glücksmann in Holdheims Monatsschrift für Handelsrecht und Bankwesen, 1901, S. 157—163.

Tragweite dieser Unterscheidung geht aus folgendem hervor: Gemischte Hypothekenbanken können unter der Herrschaft des neuen Rechts[26]) nicht mehr entstehen; sie finden sich in Zukunft nur noch,[27]) insoweit sie am 1. Januar 1900 bestanden und bis zum 1. Mai 1898 gemäß den Bestimmungen ihrer Satzungen Geschäfte in weiterem als dem in § 5 H.B.G. bezeichneten Umfange betrieben haben; für sie gilt zum Teil etwas anderes als für die reinen Hypothekenbanken; die auf sie anwendbaren Sondervorschriften sind in den §§ 46 und 47 H.B.G. enthalten.

Die Hypothekenbanken nehmen schließlich noch insofern eine ausgezeichnete Stellung ein, als sie einer Beaufsichtigung des Staates unterliegen.[28]) Zur Aufsichtsführung ist der Staat gesetzlich[29]) verpflichtet. Ein diesbezüglicher erzwingbarer Rechtsanspruch der Aktionäre oder Gläubiger der Bank besteht allerdings nicht. Die Übung der Aufsicht ist Sache der nach allgemeinen Normen zuständigen Verwaltungsbehörde, kann aber auch besonderen staatlichen Kommissaren übertragen werden; die Bestellung eines Spezialkommissars für jede einzelne Bank muß, wenn sie auch nach dem Gesetz nicht notwendig ist, immerhin — in Übereinstimmung mit der in der Literatur überwiegend vertretenen Meinung — für zweckmäßig erachtet werden.[30])

3. Als Aktiengesellschaften bezw. Kommandit-Aktiengesellschaften[31]) kommt den Hypothekenbanken Kaufmannsqualität zu; sie sind also nicht nur um deswillen Handelsgesellschaften, weil sie ein Handelsgewerbe betreiben,[32]) sondern schon kraft ihrer Organisation.

---

[26]) § 44 H.B.G., Art. 1 E.G.z.B.G.B.

[27]) § 46 I H.B.G.

[28]) § 3 H.B.G. In der Sitzung des preuß. Abgeordneten-Hauses v. 20. März 1901 wurde eine Aufsichtspflicht des Staates von dem zuständigen preuß Ressortminister verneint. Siehe unten § 9 I 1.

[29]) Die Nebeneinanderstellung: „Pfandbriefe . . . . unter staatlicher Aufsicht stehender Bodenkreditinstitute Deutschlands und deutscher Hypothekenbanken auf Aktien" in § 13 Ziff. 3b des Bankgesetzes vom 14. März 1875 hat sohin ihre Bedeutung verloren.

[30]) Die gefestigte Stellung der süddeutschen Hypothekenbanken während des letzten Hypothekenbank-Kraches wurde zum Teil der bei diesen Banken bestehenden Einrichtung der Spezial-Kommissäre zugeschrieben. Hauptsächlich in Preußen fehlt der Spezialkommissar; dagegen ist der „Bankinspektor" (technischer Beirat der Landespolizeibehörde in Preußen) ein selbständiges Hauptamt im Gegensatz zu dem in anderen Ländern meistens nebenamtlich verwalteten Spezialkommissariat.

[31]) §§ 210 II, 320 III H.G.B.

[32]) § 1 II Ziff. 4 H.G.B.

Nach der herrschenden Lehre[33]) genießen sie aus dem gleichen Grunde Rechtsfähigkeit. Die Verleihung der nach § 1 H.B.G. erforderlichen Konzession kann als Grund ihrer Rechtsfähigkeit nicht angesehen werden. Ebenso erscheint es bedenklich, in der Stellung der Hypothekenbank als Verein[34]) mit Staub[35]) ein Argument für ihre juristische Persönlichkeit zu erblicken; denn auch in der Sprache des neuen Rechts ist nicht jeder Verein „juristische Person".[36])

Wie alle Handelsgesellschaften zählen auch die Hypothekenbanken zu den juristischen Personen des Privatrechts, nicht des öffentlichen Rechts. Das Gegenteil wird scheinbar von keiner Seite behauptet, müßte aber nach E. Mayers Definition[37]) wohl angenommen werden.[38])

4. Zum Gegenstand des Unternehmens der Hypothekenbank gehört begriffsnotwendig die Ausgabe von Schuldverschreibungen auf Grund der erworbenen Hypotheken. Diese Kreditinanspruchnahme der Bank ist für ihr Wesen von ausschlaggebender[39]) Bedeutung; sie ist nicht nur, wie bei anderen Aktiengesellschaften, Mittel zur Erreichung des eigentlichen Gesellschaftszweckes.[40]) Für den Gesetzgeber bildete sie die Veranlassung, sich mit der Rechtsstellung der Hypothekenbanken besonders zu befassen; die verschiedenen Gesetzgebungsversuche auf dem Gebiete des Hypothekenbankrechts[41]) hatten

---

[33]) Arg. § 210 I H.G.B., vgl. insbes. Jaeger, Kommentar, § 207 Anm. 1.

[34]) §§ 6 II, 210 II, 320 III H.G.B.

[35]) Staub, Kommentar zum H.G.B. Anm. 2 zu § 6.

[36]) Vgl. z. B. § 54 B.G.B., § 103 Privatversicherungsgesetzes, § 213 K.O.

[37]) E. Mayer „juristische Person" in Frhr. v. Stengels Wörterbuch, Bd. 1 S. 694, sub b; dagegen Meurer, „juristische Person", S. 831.

[38]) Seidel führt als Grund für den Charakter als Privatgesellschaften die Erwerbstendenz der Hypothekenbanken an; hierüber vgl. oben Anm. 11.

[39]) Auf der Einrichtung der Pfandbriefe beruht . . . . der ganze Geschäftsbetrieb (Wegener in den Annal. des Deutsch. Reiches 1878 S. 577). Vgl. auch Eberstadt, „der deutsche Kapitalmarkt" S. 151: „die Hypothekenbanken nehmen eine Sonderstelluug innerhalb des Hypothekenmarktes in der Hauptsache nur infolge des Rechts der Obligationenausgabe ein."

[40]) Vgl. Rehm, die Bilanzen der Aktiengesellschaften, S. 302 ff.

[41]) E.G. z. K.O. § 17. — Sachsen-Koburg-Gotha Ges. v. 4. April 1885 (gemeinschaftl. Ges.-Samml. Nr. 476). — Baden Ges. v. 12. April 1892 (G. u. V.-Bl. S. 112). — Elsaß-Lothringen Ges. v. 22. Mai 1893 (Ges.-Bl. S. 65). — Mecklenburg-Schwerin Ges. v. 27. Febr. 1894 (Reg.-Bl. S. 43). — Mecklenburg-Strelitz Ges. v. 21. März 1894 (Offiz.Anz. S. 49). — Schwarzburg-Sondershausen Ges. v. 15. Januar 1896 (Ges.-Samml. S. 23). Vgl. auch die beiden Entwürfe (1879/1880) des Reichsgesetzes, betreffend das Faustpfandrecht für Pfandbriefe u. ähnliche Schuldverschreibungen und hiezu Hecht in den Annalen 1880 S. 330 sub III. — Siehe unten § 5 III.

als gemeinsames Ziel die Sicherung derer, die der Hypothekenbank durch Erwerb ihrer Schuldverschreibungen Kredit gewähren. Dem gleichen Bestreben verdankt das geltende Recht seine Entstehung. Dies läßt neben der historischen Entwicklung auch der Inhalt des Hypothekenbank-Gesetzes erkennen; die wichtigsten Bestimmungen[42]) desselben befassen sich gerade mit der Rechtsstellung der Bankobligationäre, und überhaupt fast alle Bestimmungen des Hypothekenbankgesetzes haben die Sicherung der Obligationäre im Auge.[43]) Um dieser willen sind insbesondere die Staatsaufsicht und das Institut des Treuhänders eingeführt und eine besondere Vermögensmasse, die sogenannte Deckungsmasse[44]) gebildet.

§ 3. Der Konkurs der Hypothekenbank.

Der Konkurs der Hypothekenbank bietet im allgemeinen keine rechtlichen Besonderheiten. Solche sind vielmehr nur für die Stellung der Obligationäre begründet.[1]) Daher gilt für den Konkurs der Hypothekenbank im großen und ganzen dasselbe, was im Konkurse der Aktiengesellschaft (bezw. Kommanditgesellschaft auf Aktien) Rechtens ist.[2]) Da diese juristische Persönlichkeit besitzt,[3]) steht ihre Konkursfähigkeit außer Frage: verneint man aber auch den Charakter der Hypothekenbank als einer juristischen Person, so kann ihr gleichwohl die Konkursfähigkeit — als konkursrechtliche Seite der passiven Parteifähigkeit — ohne Bedenken zugesprochen werden. Die Konkursfähigkeit ist auch dann nicht ausgeschlossen, wenn das Aktienkapital bestimmungsgemäß — wie bei der Hessischen Pfandbriefbank[4]) —

---

[42]) Bonschab H.B.G. § 35 Anm. I.

[43]) Vgl. hierzu Seidel in Holdheims Monatsschrift für Handelsrecht u. Bankwesen, XI. Jahrg. (1902) S. 184; vgl. auch Lützeler, Vorschläge zum E. eines Hyp.-Bank-Ges. S. 4 und Rehm a. a. O. S. 480.

[44]) Über Staatsaufsicht und Treuhänder vgl. § 9, über die Deckungsmasse vgl. § 7 dieser Abhandlg.

[1]) Die bes. Quellen des Konkursrechts der Hypoth.-Bank sind die §§ 35, 41^{I}, 42^{I}, 52 H.B.G.; für die hier nicht zu betrachtenden hypothekenbankähnlichen Institute greift der § 48 H.B.G. Platz.

[2]) Jaeger, Kommentar zu § 207^{1}; Goldstein, „Der Konkurs der Aktiengesellschaft“ in den Annal. des Deutsch. Reiches 1901 S. 722.

[3]) Siehe oben § 2 unter 8.

[4]) Vgl. Seidel in den Annal. des Deutschen Reiches 1901 S. 850ff.

im Besitze des Staates und öffentlicher Sparkassen verbleiben soll; denn auch in diesem Falle findet, da die Hypothekenbank juristische Person des Privatrechts ist, Art. IV des Einf.-Ges. zur Konkurs-Novelle vom 17. Mai 1898 keine Anwendung.

Zum Konkurse der Hypothekenbank kommt es bei Zahlungsunfähigkeit oder Überschuldung[5]. Zahlungsunfähigkeit — ohne Überschuldung — kann insbesondere in dem Umstand ihre Ursache haben, daß die Bank genötigt war, eine größere Zahl von Grundstücken zur Verhütung des Verlustes an Hypotheken zu erwerben. Aus dem Grundsatz, daß Hypotheken an solchen eigenen Grundstücken als Deckung nur mit der Hälfte des Betrages in Ansatz gebracht werden dürfen, mit welchem sie vor dem Erwerb des Grundstücks durch die Bank als Deckung in Ansatz gebracht waren, kann sich die Unfähigkeit der Bank, die gesetzlich vorgeschriebene Deckung zu schaffen und indirekt dadurch ihre Zahlungsunfähigkeit ergeben[6]. Die Obligationäre haben unter Umständen ein dringendes Interesse an der alsbaldigen Konkurseröffnung; denn nur im Konkurse steht ihnen ein Anspruch auf Vorrechts-Befriedigung zu.[7] Formelle Voraussetzung des Konkurses ist ein gehörig gestellter Antrag;[8] antragsberechtigt ist außer den in den §§ 208, 210 K.O. bezeichneten Personen der auf Grund des Schuldverschreibungsgesetzes (Gesetz, betr. die gemeinsamen Rechte der Besitzer von Schuldverschreibungen vom 4. Dezember 1899) bestellte Vertreter der Obligationäre, wenn er von der Versammlung der Schuldverschreibungsbesitzer dazu ermächtigt ist (§ 14 I l. c.). Die Versammlung kann den Vertreter auch zur Stellung des Antrages auf Konkurseröffnung anhalten und die Ausübung des Antragsrechtes — wiewohl dasselbe nicht verzichtbar ist — den einzelnen Obligationären durch Beschluß entziehen. Ein Antragsrecht der Aufsichtsbehörde kennt das Hypothekenbankgesetz

---

[5]) §§ 207, 209 K.O. Die Überschuldung der Kommandit-Aktiengesellschaften ist erst durch die Konkursnovelle zum Konkursgrund erhoben; über die Einzelfragen vgl. insbes. Jaeger, Kommentar zu §§ 207, 208 Anm. 8.

[6]) § 6 III H.B.G.; vgl. hierzu auch die Ausführungen Hechts in Holdheims Monatsschrift VIII (1899) S. 62; nun Hecht, Das Hypothekenbankrecht, § 10.

[7]) Vgl. die Ausführungen Scherers in seinem Werk „Das rheinische Recht u. die Reichs- u. Landesgesetzgebung" (2. Aufl. 1899) Bd. 1 S. 592. — Siehe unten § 4 gegen Schluß.

[8]) § 103 I K.O.

nicht; noch viel weniger räumt es[9a]) dieser eine ausschließliche Antragsbefugnis analog der des § 68 Abs. I des Privatversicherungsgesetzes[9]) ein. Selbst die Anhörung der Aufsichtsbehörde vor der Konkurseröffnung ist dem Konkursrichter nicht zur Pflicht gemacht. Eine Antragspflicht besteht für die Vorstandsmitglieder und für die eventuellen Liquidatoren der Aktienhypothekenbank,[10]) bei der Kommanditgesellschaft auf Aktien für die persönlich haftenden Gesellschafter und für die eventuellen Liquidatoren.[11])

Gemeinschuldnerin ist die Hypothekenbank selbst (ihre Rechtspersönlichkeit vorausgesetzt). Die dem Gemeinschuldner als solchen zukommenden Befugnisse und Pflichten werden durch die bisherigen Vorstandsmitglieder bezw. Liquidatoren (bezw. durch die persönlich haftenden Gesellschafter bei den Kommanditgesellschaften auf Aktien[12]) wahrgenommen.

Konkursgläubiger sind die persönlichen Gläubiger der Hypothekenbank, die einen bei Konkursbeginn begründeten und im Konkurs anmeldbaren Vermögensanspruch haben.[13]) Die wichtigste Gruppe[14]) der Konkursgläubiger sind die Obligationäre; ihre Rechtsstellung soll, da sie von der der Konkursgläubiger im allgemeinen teilweise abweicht, in der vorliegenden Abhandlung dargestellt werden.

Die Konkursmasse weist als besonderen Bestandteil die Deckungsmasse auf.[15]) Massegläubiger ist auch der Fiskus hinsichtlich seines Anspruches auf Vergütung für die während der Dauer des Konkurses von dem staatlichen Kommissär entfaltete Tätig-

---

[9]) Hierüber Jaeger, Kommentar § 207 Bem. 7; Thaler, „Der Konkurs des Versicherungs-Vereins auf Gegenseitigkeit" in den Annal. 1902 S. 817 f.; Manes in der „Zeitschrift für das gesamte Handelsrecht", Bd. 52 S. 112; vgl. auch die Erläuterungen des Gesetzes von Könige, Rehm und Alexander-Katz.

[9a]) Vgl. de lege ferenda Hecht, „Das Hypothekenbankrecht" § 3.

[10]) §§ 240 II, 298 II H.G.B.; die Pflicht besteht im Falle der Überschuldung trotz § 11 Schuldverschr.-Ges.; Pflichtverletzung ist nach § 315 strafbar u. verpflichtet möglicherweise zum Schadensersatz (§ 241 III Ziff. 6 u. IV H.G.B.).

[11]) §§ 325 Z. 8, 320 III H.G.B. im Zusammenhang mit den in Anm. 10 angeführten Paragraphen.

[12]) Mitunter auch durch Aufsichtsratsmitglieder bezw. besondere Vertreter (vgl. Goldstein a. a. O. § 4 sub 3,2.).

[13]) §§ 3, 63 K.O.

[14]) Im Konkurse der deutschen Grundschuldbank in Liquidation wurden andere Konkursgläubiger als die Obligationäre überhaupt nicht bekannt. — Ca. 7 Milliarden Hypotheken-Pfandbriefe sind in Deutschland im Umlauf.

[15]) Hierüber siehe § 7 der vorlieg. Abhandlg.

keit,[16]) vorausgesetzt, daß die Aufsichtsrechte des staatlichen Kommissärs überhaupt im Konkurse fortbestehen.[17])

Die Konkursbeendigung erfolgt im Wege der beschlußmäßigen Aufhebung oder Einstellung des Verfahrens; die zur Einstellung erforderliche Zustimmung aller Obligationäre wird durch die Zustimmung ihres auf Grund des Schuldverschreibungsgesetzes bestellten Vertreters nur dann ersetzt, wenn dieser zur Abgabe einer solchen Erklärung durch Beschluß ermächtigt war (§ 14 III des Schuldverschreibungsgesetzes).

Der Abschluß eines Zwangsvergleichs ist im Konkurse der Hypothekenbank nicht ausgeschlossen; mit Rücksicht auf die schwere Verwertbarkeit der Konkursmasse kommt dem Zwangsvergleiche hier sogar erhöhte praktische Bedeutung zu;[18]) eine Durchführung des Konkurses ist, wenn nicht die Deckungsmasse als Ganzes verwertet wird, sehr langwierig und kostspielig[19]) und führt zu unbefriedigenden Resultaten.[20])

---

16) §§ 4III Satz 2 H.B.G., 58 Ziff. 2 K.O.

17) Dagegen siehe § 9, II der Abh. (unten).

18) Siehe übrigens unten sub § 10.

19) Im Konkurse der deutschen Grundschuldbank, der nur wenige Monate dauerte, betrugen die Gerichtskosten allein ca. 880 000 Mk.

20) Vgl. hierzu die Ausführungen Kritzlers in den Schriften d. Ver. f. Sozialpolitik „die Störungen im deutsch. Wirtschaftsleben usw." 1903, Bd. VII S. 34; Hecht, „das Hypothekenbankrecht" § 10.

II. Das Wesen der Hypothekenbank-obligationen im allgemeinen.

§ 4. Stellung der Hypothekenbankobligationäre außerhalb des Konkurses.

I.

Die Hypothekenbankobligationäre (Schuldverschreibungsgläubiger der Hypothekenbank) zerfallen in 3, eventuell 4 Kategorien:

1. die Pfandbriefgläubiger; dieses ist die praktisch wichtigste Klasse.
2. die Kommunalobligationäre (§ 41 H.B.G.),
3. die Kleinbahnobligationäre (§ 42 H.B.G.), eventuell
4. die Rentenbriefgläubiger (§ 52 H.B.G.).

Ein besonderes Rechtsinstitut der Grundschuldpfandbriefe kennt das Hypothekenbankgesetz nicht.[1])

Pfandbriefgläubiger, Kommunalobligationäre und Kleinbahnobligationäre gibt es auch in anderen Organisationen[2]) [3]); uns beschäftigen aber nur die Gläubiger der Hypothekenbank. Ebensowenig kommen hier die Obligationäre derjenigen eingetragenen Genossenschaften, denen auf Grund der übergangsrechtlichen Bestimmung des

---

[1]) Göppert S. 83 — Hillig S. 104 — abw. Merzbacher S. 105.

[2]) Diese anderen Organisationen, z. B. die Eisenbahngesellschaften, wurden in dem Antrag der Konservativen:

„Privat-Instituten, die einen bankmäßigen Erwerb erstreben, die Ausgabe von Pfandbriefen auf den Inhaber zu verbieten"

ausdrücklich ausgenommen. (Rede des Abgeord. von Heydebrand und der Lasa im preuß. Abgeordn.-Haus am 20. März 1901, stenogr. Berichte 1901 III S. 8742.)

[3]) Ungenau hinsichtlich der Pfandbriefgläubiger: Könige, Schuldverschreibungsges. § 1 Anm. 10.

§ 45 II H.B.G. derselbe Geschäftsbetrieb wie der Hypothekenbank gestattet ist, in Betracht, da auch diese Genossenschaften nach geltendem Rechte nicht als „Hypothekenbanken" anzusehen sind.

Die Bezeichnung „Pfandbriefgläubiger" ist eine technische im Sinne des Gesetzes; sie kehrt in zahlreichen Paragraphen wieder.[4]) Anders verhält es sich mit dem „Kommunalobligationär," dem „Kleinbahnobligationär" und dem „Rentenbriefgläubiger". Diese Benennungen werden zwar allgemein gebraucht; sie sind aber dem Gesetze fremd und zudem nicht einmal zutreffend. Die erstgenannte Benennung (Kommunalobligationär) insbesondere geht von der Hauptart, von der auf Grund eines Darlehens an einen Kommunalverband ausgegebenen Obligation aus und sieht dabei über alle anderen Fälle hinweg; man denke beispielsweise an die Obligationen, die von der Hypothekenbank auf Grund von Darlehen an die mit öffentlichen Zwangsbefugnissen ausgestatteten, unter staatlicher Aufsicht stehenden Meliorations-, Deich-, Siel- und ähnlichen Gesellschaften ausgegeben werden![5])

Pfandbriefgläubiger finden sich bei jeder Hypothekenbank; dies folgt aus dem Begriffe derselben (§ 1 des Ges.). Die Kommunalobligationäre, Kleinbahnobligationäre und Rentenbriefgläubiger hingegen sind keineswegs notwendige Erscheinungen im Leben der Hypothekenbanken.[6]) Nach vielen Satzungen sind sogar die Kommunal- und Kleinbahn-Darlehensgeschäfte von dem Unternehmen ausgeschlossen; die Rentenbriefgläubiger schließlich können schon nach dem Gesetze[7]) nur ganz ausnahmsweise vorkommen.[8])

II.

Die Begriffe der Pfandbriefgläubigers, Kommunalobligationärs, Kleinbahnobligationärs und Rentenbriefgläubigers sind nicht ausdrücklich im Gesetze festgelegt. Sie stimmen darin überein, daß jeder dieser Obligationäre Gläubiger aus einer Schuldverschreibung

---

[4]) §§ 7, 8, 32, 35, 36, 47, 53 H.B.G.

[5]) Diese werden in der Begr. II als Beispiel für die „Körperschaften des öffentlichen Rechts" im Sinne des § 5 I Z. 2 H.B.G. erwähnt. (Begr. II, S. 936.)

[6]) Vgl. den Wortlaut des § 5 H.B.G.: „Die Hypothekenbanken dürfen . . . . betreiben".

[7]) § 52 H.B.G.

[8]) Vgl. auch Jacobi, die Wertpapiere im bürgerlichen Recht des Deutschen Reiches, abgedr. in Fischers Abhandlungen z. Privatrecht, Bd. 8, S. 157.

ist,[9]) welche die Hypothekenbank auf Grund einer besonderen Deckung ausgestellt hat. Ihre begriffliche Verschiedenheit beruht lediglich auf der Verschiedenheit der Deckung, die entweder Hypothekenforderung bezw. Grundschuld oder Kommunaldarlehen oder Kleinbahndarlehen oder Rentenforderung ist.

Das Hypothekenbankgesetz setzt an verschiedenen Stellen[10]) den „Schuldverschreibungen," die auf Grund von Kommunaldarlehen oder Rentenforderungen ausgegeben werden, die „Hypotheken-Pfandbriefe" [11]) [12]) gegenüber. Dies ist nur im Zusammenhang verständlich; dadurch soll auch für die Pfandbriefe der Charakter als Schuldverschreibung nicht verneint sein. Im § 1 des Gesetzes ist auch der Hypothekenpfandbrief als Schuldverschreibung bezeichnet. Selbst in dem kleinen, nur 53 Paragraphen umfassenden Hypothekenbankgesetz ist somit der Ausdruck „Schuldverschreibung" nicht in einheitlichem Sinne gebraucht, ein Beleg dafür, daß in Übereinstimmung mit dem alten[13]) auch das neue Recht — trotz der großen Kategorien zukommenden, wachsenden Bedeutung, die auch der Gesetzgeber nicht verkennen konnte[14]) — einen eigentlichen terminus technicus, „Schuldverschreibung", nicht kennt.

---

[9]) Im Verkehr werden auch diese Schuldverschreibungen — nicht nur die anderer Gesellschaften, wie scheinbar Jaeger § 207 Anm. 14 annimmt — Prioritäten oder Prioritäts-Obligationen genannt, um den Vorrang der Obligationäre — zu Unrecht spricht Könige von einem Konkursvorrecht (Könige, Schuldverschreibgsges. § 19 Anm. 6) — vor den Aktionären zu kennzeichnen (vgl. hierzu Dernburg, das Bürg. Recht des Deutsch. Reiches u. Preußens, Bd. 2 § 282 S. 338); daneben gebraucht man die Bezeichnung „Teilschuldverschreibungen" oder „Partialobligationen", um den Charakter der einzelnen Obligationen als eines — juristisch allerdings vollkommen selbständigen — Teiles eines Masse-Anlehens zum Ausdruck zu bringen. (So bereits Kuntze, Die Lehre von den Inhaberpapieren, 1857 S. 473).

[10]) §§ 24 Z. 4, 48 II H.B.G.

[11]) Von „Pfandbrief" schlechthin spricht das Gesetz nur in den Verbindungen „Pfandbriefzinsen" und „Pfandbriefgläubiger"; vgl. übrigens die Bezeichnung „Pfandbriefe" in § 17 II E.G.z.K.O.

[12]) Im Verkehr kommen außerdem noch folgende Benennungen vor: Bodenkreditpfandbrief, Hypothekenschuldschein, Hypothekenanteilschein, Bodenkreditschein, Hypothekenobligation, Hypothekenzertifikat, fundiertes oder privilegiertes Geldpapier, Zentralpfandbrief, Pfandhypotheke (gebraucht bei Hecht „die Mündel- und Stiftungsgelder in den deutschen Staaten", Stuttgart, Cotta 1875 S. 270), schließlich auch die irreführende Bezeichnung „Hypothekenbrief", die wegen des Gleichlauts mit dem terminus technicus des B.G.B. besser vermieden würde.

[13]) R.G., 7. Zivilsenat, vom 24. April 1900, abgedruckt in Holdheims Monatsschrift 1900 S. 282.

[14]) Dies war der Anlaß für die Entstehung des Schuldverschreibungsgesetzes.

III.

Das Wesen der hier in Frage kommenden „Schuldverschreibungen“ ist im Hypothekenbankgesetze nur bruchstückweise geregelt (§§ 6—9, 31—35, 41 I, 42 I, 52); für den Rentenbrief haben von diesen Bestimmungen einzig und allein die §§ 6, 31, 35 und 41 I Bedeutung, wenn man nicht — mit der Begr. II S. 956—957, aber im Widerspruch[15]) mit dem klaren Wortlaute des § 52 und mit dem Zweck und der Stellung dieses Paragraphen im Gesetze — die Möglichkeit der Neuausgabe von Rentenbriefen nach dem 1. Januar 1900 für gegeben erachtet.

Neben den Spezialvorschriften greifen die allgemeinen Bestimmungen des Bürgerlichen Rechts, speziell die des 22. Abschnitts des II. Buches des B.G.B. Platz.

IV.

Im einzelnen ist das Wesen der Hypothekenbankobligationen folgendes:

Sie sind Schuldverschreibungen, welche von der Hypothekenbank auf Grund einer besonderen Deckung ausgestellt sind und in gewissen rechtlichen Beziehungen zur Deckungsmasse stehen.[16])

a) Schuldverschreibungen im hier gebrauchten Sinne sind Schrifturkunden, in denen die Hypothekenbank als Ausstellerin einer in der Urkunde bezeichneten Person eine Leistung verspricht, welche in der Zahlung einer Geldsumme besteht. Erforderlich ist weiter, daß die bebetreffende Urkunde als solche selbständig die Verpflichtung zur Zahlung des Kapitals begründet. Die Schuldverschreibungen sollen die einzelnen für das Rechtsverhältnis zwischen der Bank und den Obligationären maßgebenden Bestimmungen ersichtlich machen.[17])

1. Daß es sich nur um Schrifturkunden handeln kann

---

15) Vgl. die zutreffenden Ausführungen bei Hillig, S. 131.

16) Übereinstimmend definiert Pavlicek „Das Pfandbriefrecht“ S. 11 die heutigen Pfandbriefe als „Schuldverschreibungen, welche von einem dazu berechtigten Hypothekgläubiger auf Grund der ihm geschuldeten Hypothek-Forderungen ausgegeben werden und in diesen ihre Deckung zu finden haben.“

17) Nach der Ordnungsvorschrift des § 8 I H.B.G. genügt die Verweisung auf die Statuten nicht; vgl. dagegen: R.G. Bd. 12 S. 100.

steht außer allem Zweifel; durch die Bezeichnung „Schuldverschreibung“ ist das Erfordernis der Schriftform gesetzlich zum Ausdruck gebracht. Deswegen muß die Urkunde von dem Aussteller eigenhändig unterschrieben sein.[18]) Mangel dieser Form hat gemäß § 125 Satz 1 des B.G.B. die Nichtigkeit der Obligation zur Folge. Neben der unter jedes einzelne Obligationsexemplar besonders gesetzten Unterschrift (§ 126 Abs. 1 B.G.B.) ist bei der Schuldverschreibung auf den Inhaber,[19]) aber auch nur bei dieser,[20]) eine im Wege der mechanischen Vervielfältigung hergestellte Namensunterschrift für ausreichend zu erachten. Allerdings kann durch eine in die Urkunde aufgenommene Bestimmung eine andere Form vorgeschrieben werden; nicht nur für die Inhaber-Schuldverschreibung kann die Gültigkeit der Unterzeichnung von der Beobachtung einer besonderen Form abhängig gemacht sein.[21]) Auch Mangel der in dieser Weise angeordneten Form hat im Zweifel die Nichtigkeit der Schuldverschreibung zur Folge (§ 125 Satz 2 B.G.B.).

2. Ausstellerin ist die Hypothekenbank; wer als solche in Betracht kommt, wurde bereits oben in § 1 unter Ziff. 2 dargelegt.

Da einerseits die Hypothekenbank selbst geschäftsunfähig ist, andererseits die Ausstellung von Schuldverschreibungen sich als Rechtsgeschäft darstellt, wird die Ausstellung durch die Organe der Bank betätigt. Die Unterschrift der Organe ist die vom Gesetz (§ 126 B.G.B.) erforderte Unterschrift des Ausstellers. Die Organe, deren Unterschrift gefordert wird, sind bei der Aktien-Hypothekenbank die Mitglieder des Vorstandes, die die Gesellschaft nach außen vertreten (§ 231 H.G.B.), bei der Hypothekenbank-Kommanditgesellschaft auf Aktien die Komplementare (§§ 320 II, 325 H.G.B.). Besteht der Vorstand der Aktienhypothekenbank aus mehreren Mitgliedern, so müssen diese, sofern nicht durch das Statut[22]) oder durch Beschluß

---

[18]) Übereinstimmend Simon in Holdheims Monatsschr. XI S. 226.

[19]) § 793 Abs. II Satz 2 B.G.B.; dies gilt außerdem bei Aktie und Interimsschein (§ 181 H.G.B.) und beim Frachtbrief (§ 426 Ziff. 9 H.G.B.).

[20]) Abw.: Könige, Privatversicherungsgesetz S. 84. Nach altem Recht genügte die faksimilierte Unterschrift „bei gleichlautenden Urkunden, welche als zum Umlauf bestimmte Wertpapiere in großer Zahl emittiert wurden“ (Entsch. des R.G. i. Civils. Bd. **14**, S. 97).

[21]) Diese Bestimmung gilt also wohl über den Rahmen der Vorschrift des § 793 II B.G.B. hinaus.

[22]) R.O.H.G. Bd. 18 Nr. 91.

der Generalversammlung etwas anderes bestimmt ist, sämtlich die Schuldverschreibung unterzeichnen; nur ihre gemeinsame Unterschrift verpflichtet die Bank.[23]) Bei der Kommanditgesellschaft auf Aktien hingegen sind die Komplementare hinsichtlich der Vertretungsmacht grundsätzlich ebenso gestellt, wie die Komplementare der einfachen Kommanditgesellschaft; mehrere Komplementare haben darum nicht Gesamt-, sondern Einzelvertretungsmacht;[24]) sohin bedarf es nur der Unterschrift eines einzigen Komplementars zur Giltigkeit der Obligation.

Die Unterschrift des Aufsichtsratsvorsitzenden wird zwar vielfach verlangt; gesetzliches Erfordernis ist sie aber nicht.

3. In der „Schuldverschreibung" verspricht die Hypothekenbank einer Person eine Leistung, welche in der Zahlung einer Geldsumme besteht. Abgesehen davon, daß für die Landschaften das Hypothekenbankgesetz nicht maßgebend ist, trifft auf die „älteren" preußischen landschaftlichen Pfandbriefe schon der Charakter der Schuldverschreibung nicht zu; denn sie enthalten[25]) überhaupt kein Leistungsversprechen,[26]) sondern sind lediglich „Hypothekeninstrumente",[27]) verknüpft mit dem Garantieversprechen der Landschaften.[28]) Nur die Urkunde, in der die Zahlung eines Kapitals versprochen ist, kann als Schuldverschreibung im Sinne des Hypothekenbankgesetzes aufgefaßt werden. Verschiedene Papiere, die mit den Bankobligationen manches gemeinsam haben, und im Verkehr häufig ähnlich behandelt

---

[23]) §§ 282 H.G.B., R.O.H.G. 16 Nr. 11; 23 Nr. 25; R.G. 8 S. 89.

[24]) §§ 320II, 161II, 115 H.G.B.; vgl. auch Cosack, Lehrb. d. Handelsrechts, 6. Aufl. (1903) S. 648; Staub, Kommentar, 7. Aufl. (1900) Anm. 3 zu § 320.

[25]) Im Jahre 1884 waren noch 10 000 000 dieser Papiere im Umlauf.

[26]) Übereinstimmend Kuhlenbeck (das B.G.B., Bd. I, Vorbem. vor § 793), der diejenige Schuldverschreibung auf Inhaber, die ein Leistungsversprechen enthält, „obligatorisches" Inhaberpapier nennt.

[27]) In der der Entstehung der Landschaft zugrunde liegenden Kabinetts-Order Friedrichs des Großen vom 29. August 1769 heißt es: „Unter denen zum Cours bestimmten Pfandbriefen verstehe Ich diejenigen Hypotheken-Instrumente, welche unter der Garantie der Landschaft künftig bei Güterkäufen, Kapitalzahlungen und anderen dergl. Fälle nach dem Beispiel der ehehin in dem Fürstentum Schweidnitz und Jauer gewöhnlich gewesenen ledernen Briefe genommen und gleich dem baren Geld zirkulieren werden."

[28]) Hierüber vergl. die eingehenden Darstellungen bei Rabe und bei von Brünneck „Beiträge zur Geschichte und Dogm. der Pfandbriefsysteme nach dem preuß. Recht." In Gruchots Beitr. zur Erl. d. deutsch. Rechts. Bd. 28, S. 48—82, S. 318—356, 481—547, Bd. 29 S. 23—52, 161—209, 465—524.

werden, scheiden daher hier aus,[29]) so z. B. einerseits die Aktien und Dividendenscheine, andererseits die Erneuerungsscheine (Talons; diese versprechen[30]) die Aushändigung neuer Zinsscheinbögen, also keine **Geldleistung**).

Auf Grund des urkundlichen Versprechens (der Schuldverschreibung) ist die Hypothekenbank zur Zahlung einer Geldsumme verpflichtet. Dem aus dem Papier Berechtigten steht ein obligatorischer Anspruch und zwar eine Geldforderung[31]) zu; er ist also im Gegensatz zum Aktionär der Bank „so recht wahrer Gläubiger".[32]) Aus dieser Gläubigerstellung folgt ohne weiteres, daß der Obligationär als solcher nicht Teilhaber der Hypothekenbank ist; einer besonderen Hervorhebung in den Satzungen, daß er in den Generalversammlungen weder Sitz noch Stimme hat, bedarf es darum nach deutschem Rechte[32a]) nicht.[33]) Die rechtsbegründende Kraft wohnt der Schuldverschreibung selbst inne.[34]) Diese hat regelmäßig den Charakter einer abstrakten Verpflichtung. Das Rechtsverhältnis, aus dem die Forderung gegen die Bank entstand, die causa promittendi, braucht in der Schuldverschreibung nicht angegeben zu sein. Ist dies aber doch geschehen, so muß aus der Urkunde hervorgehen,[35]) ob die Verpflichtung von dem zugrunde liegenden Bestimmungsgeschäfte abhängig sein soll (individualisiertes Schuldversprechen) oder nicht. Nur im ersteren Falle kann in dem Verhältnis zwischen dem dritten Schuldverschreibungsgläubiger und der Bank auf den Schuldgrund zurückgegriffen werden. Es ist daher nicht genau, die Schuldverschreibungsgläubiger als Darlehensgläubiger

---

29) Vgl. Apt in Holdheims Monatsschrift 1900 S. 253 f.

30) Vgl. die Legaldefinition im § 805 B.G.B.

31) Bei Einteilung der Wertpapiere in Korporationspapiere, Sachenrechtswertpapiere und Forderungspapiere müssen daher die Hypothekenbankobligationen in die letzte Kategorie eingereiht werden. Vgl. Cordes, „Begriff und Arten der Wertpapiere," S. 144; siehe auch Henle, das bayerische Inhaber-Papier-Gesetz S. 8.

32) Ring, das Reichsges., betr. die Kommanditgesellschaften auf Aktien und die Aktiengesellschaften (1886) S. 546.

32a) Vgl. hingegen Art. 68 V des belgischen Gesetzes v. 18. Mai 1873 in Holdheims Monatsschrift V (1896) S. 99.

33) R.G. Bd. 12 S. 94.

34) Dagegen Koch, Geld- und Wertpapiere (in Bekkers Beitr. z. Erl. und Beurteilung des Entwurfes des B.G.B.) S. 87.

35) So schon Siegel und Kuntze; hierüber siehe Kohler in den Iheringschen Jahrbüchern Bd. 16 S. 115. — Vgl. jetzt für die Inhaberschuldverschreibg. § 796 B.G.B.; dazu Dernburg a. a. O. Bd. 2 S. 195; vgl. auch Brunner in Endemanns Handbuch II S. 168; Simon in Holdheims Monatsschrift XI S. 228.

zu bezeichnen.[36]) Nach altem wie nach neuem Recht[37]) bilden die Schuldverschreibungen ein besonderes Rechtsinstitut. Wäre die Schuldverschreibung nur eine Darlehensurkunde, die zum Beweis und zur Übertragung der Rechte aus dem Darlehen dient, so ließe sich die Darlehensgewährung der Bank in Pfandbriefen (§ 14^{II} H.B.G.) theoretisch höchst schwer konstruieren; denn einerseits soll dann die Bank ein Darlehen empfangen, andererseits soll sie zugleich selbst ein Darlehen durch Übertragung der Darlehensurkunde gewähren! Und wie wäre dann der Fall des § 794 B.G.B. zu erklären?

Der Umstand, daß die von der Bank gegen Ausgabe der Schuldverschreibung empfangene Valuta und der Nennwert der Schuldverschreibung nicht gleich hoch sind, kann allerdings — entgegen Rehm[38]) — zur Ablehnung des Darlehensgläubigerbegriffes nicht herangezogen werden. Denn auch der Darlehensnehmer „verspricht dem Geldgeber nicht notwendig die gleiche Summe, die er erhielt, zurückzugeben;" die Rückgewähr der gleichen Menge ist dem Darlehensbegriffe nicht wesentlich,[39]) wenn sie auch mangels besonderer Vereinbarung als Vertragspflicht zu gelten hat (§ 607^{I} B.G.B.).

Wenn nun an sich Schuldverschreibung und Darlehen verschiedene Kreditgeschäfte sind, so kann[40]) doch der Fall vorkommen, daß die Ausgabe von Schuldverschreibungen sich als schriftliche Fixierung der Pflicht, ein empfangenes Darlehen zurückzuerstatten, darstellt. Dies ist aber keineswegs die Regel und kann insbesondere nicht daraus geschlossen werden, daß das Papier als Anteilschein einer „Anleihe" bezeichnet ist; in der Hauptsache kommen vielmehr die verschiedenen Arten der Emmissionsgeschäfte in Betracht.[41])

---

[36]) Abw. Ring a. a. O. S. 62 ff. — Goldstein a. a. O. S. 20. — Unserer Meinung: Dernburg Bd. 2 S. 203; Rehm a. a. O. S. 212. — Cosack, Lehrb. des Handelsrechts S. 388 (7. Aufl.). — R.O.H.G. **20** S. 253. — R.G. **28** S. 29. — Könige, Schuldverschreibungsges. § 1 Anm. 2. — Vgl. ferner insbes. Holdheim in seiner Wochenschrift für Aktienrecht Bd. III S. 352, in den Annales de Droit commercial 1895 S. 126; für das belgische Recht: Holdheims Monatsschrift V (1896) S. 99 ff.

[37]) Vgl. für das erstere die ständige Rechtsprechung des Reichsgerichts, für das letztere die in einem besond. Abschn. des 2. Buches des B.G.B. — nicht im Anschluß an die Darlehnsnormen — niedergelegte Sonderregelung der Inhaberschuldverschreibungen.

[38]) Rehm a. a. O. S. 212.

[39]) Dernburg a. a. O. Bd. 2 S. 203.

[40]) R.G. Bd. 5 S. 258.

[41]) Vgl. Cosack, Lehrb. des Handelsrechts, S. 298 ff.

Die Höhe der versprochenen Geldleistung (der **Nennwert**) ist in der Obligation bestimmt. Die Größe des **Ausgabewertes** hat weder für den Nennwert noch auch für den **Einlösungswert** rechtliche Bedeutung; nur Nennwert und Einlösungswert stehen nach dem Gesetze zu einander in gewissen Beziehungen; § 9 des Hypothekenbankgesetzes verbietet — ohne rückwirkende Kraft — die Ausgabe von Hypothekenpfandbriefen, deren Einlösungswert den Nennwert übersteigt (Verbot der sogen. Zuschlags- oder Prämienpfandbriefe).[42]) Das gleiche Verbot gilt hinsichtlich der Kommunal- und Kleinbahnobligationen (§§ 41, 42 des Gesetzes); für die Grundrentenbriefe ist die Bestimmung zwar nicht ausdrücklich für anwendbar erklärt; ihre Anwendbarkeit folgt aber, wenn man überhaupt die Neuausgabe von Rentenbriefen als möglich ins Auge faßt,[43]) aus dem Umstande, daß § 52 auf § 41[1] und diese Gesetzesstelle auf § 9 zurückverweist. Der Gesetzgeber hat das Verbot geschaffen, da „die Verpflichtung, die Pfandbriefe mit einem Kapitalzuschlag einzulösen, deren vorzeitige Rückzahlung tatsächlich ausschließe."[44])

Daß die Obligationen neben dem Kapital auch **Zinsen** versprechen, ist **an sich** nicht erforderlich; jedoch muß die Verzinsung nach dem wirtschaftlichen Zweck als schlechterdings selbstverständlich erachtet werden[45]), z. Zt. gibt es keine Hypothekenbankobligationen, für welche nicht Zinsscheine ausgegeben sind; dies war natürlich auch dem Gesetzgeber bekannt.[46])

Der **Zeitpunkt**, an welchem der Obligationär die aus der Obligation geschuldete Leistung fordern und die Bank die Leistung entrichten darf, muß in der Urkunde angegeben sein, wenn nicht die allgemeine Bestimmung des § 271 B.G.B. Anwendung finden soll (§ 8[1] H.B.G.). Für die Bestimmung des Rückzahlungstermines ist einzig und allein der in der Schuldverschreibung festgelegte Parteiwille maßgebend, der auch hinsichtlich der Art der Rückzahlung entscheidet; die Bank ist seit 1. Januar 1900 — teilweise auch schon früher[47]) — nur insoweit gebunden, als sie auf das Recht zur Rück-

---

[42]) Schon die Preuß. Normativbestimmungen v. Jahre 1863 kannten dieses Verbot.

[43]) Vgl. oben S. 15.

[44]) Begr. I Ziff. 8. Gegen diesen Standpunkt des Gesetzgebers: Hecht in Holdheims Monatsschrift VII (1898) S. 176 ff.

[45]) Vgl. auch die Normativbestimmungen von 1863 und hierzu Wegener in den Annalen des Deutschen Reiches 1898 S. 562.

[46]) Simon in Holdheims Monatsschrift XI (1902) S. 231; vgl. §§ 6 Abs. 1, 25 Abs. 2 u. 27 H.B.G.

[47]) Vgl. Hillig, S. 28.

zahlung höchstens auf den Zeitraum von zehn Jahren verzichten und dem Schuldverschreibungsgläubiger ein Kündigungsrecht überhaupt nicht einräumen soll (§ 8 II H.G.B.).

4. Wer ist **Subjekt** der Rechte aus der Schuldverschreibung? Diese Frage beantwortet sich aus dem Papiere selbst; an dieses ist die Gläubigerschaft geknüpft und insoferne liegt eine gewisse Unbestimmtheit des Subjektes des Forderungsrechtes vor:[48]) Das Papier ist selbständiger Träger der Obligation (**Wertpapier**). Die Schuldverschreibung kann sowohl auf den Inhaber wie auf Namen oder an Order lauten; denn das Hypothekenbankgesetz spricht nicht lediglich von „Inhaberschuldverschreibungen", sondern allgemein von den „Schuldverschreibungen" der Bank.[49]) Die Zulässigkeit von Namenpapieren ist ohne jeden Zweifel zu bejahen; die Form der Orderpapiere, deren sich der Verkehr nur in den gesetzlich ausdrücklich bestimmten Fällen bedienen kann, kommt für die Hypothekenbankobligation auf Grund des § 363 I Satz 2 des H.G.B. in Betracht. Die andere zulässige Art des Orderschuldversprechens — der eigene Wechsel — scheidet hier wegen der Unvereinbarkeit des Wechsel- und Pfandbriefcharakters aus. Warum die auf den Namen des Berechtigten oder an Order lautenden Schuldverschreibungen nicht zu den Pfandbriefen usw. zählen sollen, ist nicht ersichtlich.[50])

Zur Ausgabe von Inhaberschuldverschreibungen ist trotz der Konzessionierung der Bank als Hypothekenbank die besondere Genehmigung des § 795 B.G.B. erforderlich; zur Erteilung der Genehmigung ist auch bei den seitens des Bundesrates zu konzessionierenden Banken (§ 1 H.B.G.) die Zentralbehörde des Bundesstaates, in dem die Bank ihren Sitz hat, zuständig. Ohne Genehmigung ausgegebene Obligationen sind nichtig. Die Inhaberschuldverschreibung findet sich infolge ihrer Umlaufsfähigkeit am häufigsten vor; sie kann nachträglich durch Umschreibung nach § 806 B.G.B. in ein Namenpapier um-

---

[48]) Windscheid-Kipp, Lehrbuch des Pandektenrechts, 8. Aufl. (1900) S. 177 § 291.

[49]) Vgl. Hecht im Handwörterbuch der Staatswissenschaften Bd. IV, Art. „Hypothekenbanken", S. 1250. — Vgl. auch die Rede des Abgeordn. Goerdeler im Preuß. Abgeordneten-Haus am 21. März 1901 (Stenogr. Berichte 1901/III S. 8755).

[50]) Abw. ohne Begründg. Cordes, Begriff und Art der Wertpapiere, S. 144; Wegener a. a. O. S. 572 Anm. 1 (dieser rechnet auf Namen lautende Schuldverschreibungen nicht zu den Pfandbriefen u. daher diejenigen Hypothekenbanken, die nur Namenschuldverschreibungen ausgeben, nicht zu den Pfandbriefinstituten).

gewandelt werden. Diese Umschreibung ist ein Ersatz für die nach neuem Rechte unzulässige Außerkurssetzung des Papieres.[51])

5. Als Ort der obligationsmäßig geschuldeten Leistung kommt mangels anderer Bestimmung in der Schuldverschreibung der Sitz der Hypothekenbank in Betracht. Denn während zwar Geldschulden im allgemeinen Bringschulden sind, bilden[52]) die Schulden aus Wertpapieren mit Rücksicht auf die Unbestimmtheit der Person des Gläubigers Holschulden.[53]) Zu den Wertpapieren zählen aber auch die Schuldverschreibungen der Hypothekenbank;[54]) sie sind mehr als „nur verbriefte Forderungen."[55])

b) Die Hypothekenbankobligationen werden „auf Grund einer Deckung" ausgegeben. Man spricht von Hypothekenpfandbriefen, insoferne die Hypothekenbank Grundstücke hypothekarisch beleiht und auf Grund der — auf diese oder andere Weise — erworbenen Hypotheken Schuldverschreibungen ausgibt; bei den Kommunalobligationen handelt es sich um die Ausgabe von Schuldverschreibungen auf Grund von Forderungen, die der Hypothekenbank aus den nichthypothekarischen Darlehen zustehen, welche sie den inländischen Körperschaften des öffentlichen Rechts (oder auch anderen gegen Übernahme der vollen Gewährleistung durch eine solche Körperschaft) gegeben hat. Die Kleinbahnobligationen sind Schuldverschreibungen auf Grund derjenigen Ansprüche, die der Bank aus der Gewährung von Darlehen an inländische Kleinbahnunternehmungen gegen Verpfändung der Bahn erwachsen sind. Die Grundlage der

---

[51]) Art. 176 E.G.z.B.G.B.; eine Außerkurssetzung ist nach dieser Bestimmung nunmehr auch dem Reichsinvalidenfond verwehrt; denn § 4 II des Reichsgesetzes, betr. die Gründung und die Verwaltung des Reichsinvalidenfonds vom 23. Mai 1873 (R.G.Bl. S. 117) ist, weil im Widerspruch mit Art. 176 stehend, auf Grund des 2. Satzes des Art. 82 E.G.z.B.G.B. weggefallen. Unrichtig die entgegengesetzte Praxis der Verwaltung des Reichsinvalidenfonds: gegen diese Mosler in Holdheims Monatsschrift 1903 S. 193 ff.

[52]) Vgl. auch § 1005 C.P.O. Motive zum 1. Entwurf des B.G.B. (Berlin, J. Guttentag) Bd. II S. 698.

[53]) Endemann, Lehrbuch des Bürg. Rechts, 6. Aufl. (1899) Bd. I S. 607; Dernberg Bd. 2 § 52 II, 5; Rehbein II § 241 ff. Anm. 73; Fischer-Henle, B.G.B. § 797 Anm. 8. Oertmann, Recht der Schuldverhältnisse § 797 Bem. 1.

[54]) Siehe oben S. 21. Vgl. § 1807 I Z. 4 B.G.B. Sämtl. Hypothekenbankobligationen haben wohl den Charakter vertretbarer Wertpapiere; über diesen Begriff vgl. § 1 des Depot-Gesetzes v. 5. Juli 1896; hierzu Dürr, die Unterschlagung von Wertpapieren u. die strafbaren Handlungen des Depotgesetzes (1902) S. 40 ff.

Rentenbriefe schließlich sind Rentenforderungen; vorausgesetzt wird, daß dieselben vor dem 1. Januar 1899 in das Grundbuch eingetragen worden sind.

Durch diese Deckungsverhältnisse ist zunächst nichts weiter als der wirtschaftliche Zusammenhang der Geschäfte zum Ausdruck gebracht; eine rechtliche Beziehung zwischen Deckungsmasse und Schuldverschreibung ergibt sich daraus für das positive Recht nicht, ebensowenig, wie eine solche im § 248 II B.G.B. vorausgesetzt ist. Jedoch lag es für den Gesetzgeber nahe, zu bestimmen, daß der wirtschaftliche Erfolg, den die Bank durch die Ausgabe von Schuldverschreibungen erzielt, in erster Linie zur Befriedigung der Schuldverschreibungsgläubiger verwendet werden muß.[56]) Damit war die Forderung[57]) nach einer besonderen rechtlichen Sicherheit der Hypothekenbankobligationen begründet, eine Forderung, die um so lebhafter erhoben worden ist, als in den weiten Kreisen des die Obligationen zur Anlage ihres Vermögens benutzenden Publikums — infolge der geschichtlichen Entwickelung und der mißverstandenen Bezeichnung „Pfandbrief" — die Meinung herrschte, mit jenen Papieren sei stets ein Pfandrecht verknüpft.

Die gewünschte Sicherheit konnte in zweierlei Weise geschaffen werden, entweder durch rechtliche oder durch wirtschaftliche Regelung. Während der Gesetzentwurf von 1868 nur die letztere, die beiden Entwürfe von 1879 und 1880 dagegen nur die erstere Seite ins Auge faßten, sind nach dem geltenden Rechte beide miteinander vereint.

Die wirtschaftliche Sicherung ist durch eine Reihe von Normativbestimmungen erstrebt, die für den Geschäftsbetrieb der Bank maßgebend sind; ihre Durchführung wird nicht nur vom Aufsichtsrat der Bank, sondern auch von einem besonderen Aufsichtsorgan (der Aufsichtsbehörde) und zum Teil auch von dem Treuhänder der Bank überwacht.

Als rechtliche Sicherheit räumt das geltende Recht den Schuldverschreibungsgläubigern ein Konkursvorrecht ein. Daneben ist allerdings zur Gewährleistung dieses Privilegs schon außerhalb des Konkurses eine gewisse Bindung der Deckungsmasse gegeben, die nicht

---

[55]) Planck, B.G.B. Bd. 4 S. 551.

[56]) Vgl. hierzu statt aller: Volz „Die Pfandbrieffrage de lege ferenda" (1878) S. 28.

[57]) In ähnlicher Weise verlangte Adolf Wagner am Anfange der 70er Jahre ein Separationsrecht zugunsten der Noteninhaber gegenüber anderen Gläubigern der Notenbanken.

nur wirtschaftlicher Natur ist, sondern schon Rechtscharakter trägt. Die einzelnen Bestandteile der Deckungsmasse sind von der Bank gesondert in Register eingetragen;[58]) die Obligationen sind mit der Bescheinigung des Treuhänders versehen, daß die vorschriftsmäßige Deckung vorhanden und in das Register eingetragen ist. Der Treuhänder hat die Urkunden über die eingetragene Deckung, sowie die etwaigen Deckungssurrogate in Verwahrung; er besitzt sie unter dem Mitverschlusse der Bank und darf sie nur herausgeben, wenn die Bank andere, vorschriftsmäßige Deckung verabreicht oder die noch zurückgehaltene noch nicht unter die gesetzlich vorgeschriebene Höhe herabsinkt, oder wenn die Bank zu einem vorübergehenden Gebrauche oder auf Grund ihres Verhältnisses zum Hypothekenschuldner der betreffenden Urkunde bedarf. Diese Bestimmungen stellen eine rechtliche Bindung der Deckungsmasse insoweit dar, als eine Einzelvollstreckung in die Deckungsmasse regelmäßig unmöglich ist. Wird nämlich eine Vollstreckung in die im Mitgewahrsam des Treuhänders befindlichen Gegenstände zur Pfändung von Bestandteilen der Deckungsmasse notwendig, so kann und muß ihr der Treuhänder entgegenhalten, daß er die Gegenstände nur gemäß den Vorschriften des Hypothekenbankgesetzes herausgeben darf (§ 31 H.B.G.).[59])[59a]) Im Falle einer gleichwohl erfolgten Pfändung stehen dem Treuhänder die Einwendungen der §§ 766, 771 C.P.O. offen.[60])

Eine Briefhypothekenforderung, die zur Deckung der Pfandbriefe bestimmt ist, kann sohin, da zu ihrer Pfändung die Wegnahme des Briefes gehört, seitens eines einzelnen Gläubigers den Pfandbriefberechtigten nicht entzogen werden. Die rechtliche Sicherheit trägt aber — wiewohl sie einen gewissen Schutz gegen Verfügungen der Bank über die Hypotheken und gegen eine Pfändung von Hypotheken durch andere Gläubiger gewährt, und wiewohl sie damit den Unter-

---

[58]) Übereinstimmend das englische Gesetz vom 29. Juni 1865 Vict. 28. u. 29, mit Zusatzgesetz vom 4. Juli 1870, Vict. 33 u. 34; vgl. hierzu Pavlicek, Pfandbriefrecht, S. 40 f.

[59]) Kommissionsbericht S. 81; vgl. auch Göppert, S. 61ff.; Hillig S. 89.

[59a]) Vgl. die Einrede des Art. 11 II des Mexikanischen Gesetzes über Ausgabe von Gesellschaftsobligationen, Holdheim's Monatsschrift Bd. VII (1898) S. 285.

[60]) Mit Unrecht behauptet Göppert § 31 Anm. 1 S. 62, die Widerspruchsklage aus § 771 C.P.O. komme hier nicht in Betracht. Denn der Besitz (Mitbesitz) des Treuhänders bildet richtiger Ansicht nach ein „die Veräußerung hinderndes Recht" im Sinne dieser Vorschrift. Gaupp-Stein, C.P.O. § 771 II, 1b; L. Seuffert C.P.O. § 771 Anm. 2c.

schied zwischen Konkursvorrecht und Pfandrecht[61]) wesentlich abschwächt, —nicht den Charakter eines Pfandrechts. Allerdings haben wir es — das geht schon aus dem bereits Gesagten hervor — mit mehr als mit einem bloßen „Verwahren" seitens des Treuhänders zu tun.[62]) Auch kann nicht in Abrede gestellt werden, daß Ähnlichkeiten zum Pfandrecht bestehen. Wie das gesetzliche Pfandrecht des Vermieters (§ 559 B.G.B.) durch die Einbringung in das Grundstück des Vermieters zur Entstehung gelangt, ist hier die Einbringung in den Gewahrsam des Treuhänders Voraussetzung für die Begründung der besonderen rechtlichen Gebundenheit. Das Recht des Vermieters, der Wegbringung von eingebrachten Sachen aus seinem Grundstücke zu widersprechen (§ 561 B.G.B.), kann mit der dem Treuhänder in § 31 gewährten Befugnis in Vergleich gestellt werden.

Insoferne mag es begreiflich erscheinen, daß auch für das geltende Recht von verschiedenen Seiten das Bestehen eines Pfandrechts behauptet wird.[63]) Richtig ist diese Konstruktion aber nicht; vor allem fehlt, wie insbesondere auch Schultze a. a. O. zutreffend ausführt, in dem Gesetze selbst jeder Anhaltspunkt dafür, daß den Pfandbriefgläubigern ein Recht, auch außerhalb des Konkurses Befriedigung aus der Deckungsmasse zu suchen,[64]) zustehen soll. Aus keiner Stelle des Gesetzes läßt sich etwas diesbezügliches entnehmen; dagegen liefert die Entstehungsgeschichte des Gesetzes den zuverlässigsten und jeden Zweifel ausschließenden Beweis für die Unrichtigkeit der Pfandrechtskonstruktion. Man war bekanntlich lange unentschlossen, ob man den Hypothekenbankobligationären nicht ein Pfandrecht einräumen sollte. Mit Rücksicht auf verschiedene Schwierigkeiten — insbesondere auch

---

[61]) In der Begr. I sub 16 wird als Unterschied zwischen „Vorrecht im Konkurse" und „Pfandrecht" erwähnt: „Die weitergehende Sicherung, die ein Pfandrecht bieten könnte, besteht in dem Schutze gegen Verfügungen der Bank über die Hypotheken und gegen eine Pfändung von Hypotheken durch andere Gläubiger." Insoweit Briefhypotheken in Frage stehen, ist, wie oben dargelegt wurde, durch die in der zweiten Lesung des Gesetzentwurfes eingefügte (Kommissionsbericht S. 80), dem Treuhänder eingeräumte Einrede eine Annäherung an die Wirkung des Pfandrechts geschaffen und damit ein über ein Konkursprivileg hinausgehendes Recht der Pfandgläubiger zur Entstehung gebracht.

[62]) Ungenau daher: Schultze in Jherings Jahrbüchern, Bd. 43 S. 99.

[63]) Merzbacher S. 87; Immerwahr in Holdheims Monatsschrift 1900 S. 269 ff.; dagegen die gemeine Meinung, insbesondere Hecht, Tobias, Sarwey-Bozert, Gunz.

[64]) § 1204 B.G.B.

wegen der Notwendigkeit einer Schaffung verschiedenartiger Pfandrechte für die Gebiete des Grundbuchrechts und des in der Übergangszeit teilweise noch geltenden alten Hypothekenrechts — sah man jedoch schließlich von der Gewährung eines Pfandrechts ab.

Dies war der Standpunkt des Gesetzgebers vom Jahre 1899[65]) und von dem weicht das Gesetz um kein Haar breit ab. Wenn Immerwahr und auch Merzbacher das Konkursvorrecht „als die Ausübung eines Pfandrechts"[66]) aufgefaßt wissen wollen, so erscheint dies absolut unverständlich; nicht die eigentliche Wirkung des Pfandrechts im Konkurse (Absonderungsrecht), sondern vielmehr gerade die Komplikationen außerhalb des Konkurses, wie sie durch ein Pfandrecht entstanden wären, wollte der Gesetzgeber vermeiden. Die Wahl zwischen den verschiedenen Möglichkeiten einer privilegierten Befriedigung im Konkurse — Absonderungsrecht oder Vorrecht — kam gar nicht in Frage. Nur um „Pfandrecht oder Konkursvorrecht?" drehte sich der Streit. Würden aber Merzbacher und Immerwahr ihre Lehre vom Bestehen eines Pfandrechts konsequent verfechten, so müßten sie auch — mit Kohler — die Konkurswirkung des Pfandrechts, das Absonderungsrecht, für gegeben erachten; diese Konsequenz weisen sie jedoch selbst als dem Gesetze widersprechend zurück.

Schließlich kann auch eine Berufung auf das österreichische Recht (Gesetz vom 24. April 1874, betreffend die Wahrung der Rechte der Besitzer von Pfandbriefen) zur Stütze der Pfandrechtskonstruktion nicht herangezogen werden. Zwar lehnt sich das deutsche Recht unmittelbar an das österreichische an[67]) und für dieses wird von verschiedenen Seiten[68]) unter eingehender Begründung die Anschauung vertreten, den Pfandbriefgläubigern der vor Verkündung des Gesetzes von 1874 mit dem Rechte der Obligationenausgabe ausgestatteten Hypothekenbanken stehe ein Pfandrecht an der Deckungsmasse zu. Gleichwohl aber muß die Pfandrechtskonstruktion abgelehnt werden. Denn auch schon für das österreichische Recht trifft sie nicht

[65]) Vgl. Begr. I sub 16, Kommissionsbericht S. 88.

[66]) Immerwahr führt a. a. O. S. 271 aus, „das Konkursvorrecht trete als Ausübung eines Pfandrechts in die Erscheinung."

[67]) Vgl. allgemeine Begründung zum Entwurf von 1879 sub V.

[68]) Pavlicek, „Das Pfandbriefrecht" (Wien 1895) S. 68 ff.; Krainz-Pfaff, System des allgemeinen österreich. Privatrechts II, 2 S. 151; Randa, „Ochodní právo", 2. Aufl. S. 217 Nr. 61a.

zu.[69]) Die in Betracht kommenden Paragraphen des Gesetzes von 1874 lauten wie folgt:

§ 1.

Eine Anstalt, welche unter staatlicher Aufsicht Pfandbriefe ausstellt, kann über diejenigen Vermögensobjekte, welche statutenmäßig zur vorzugsweisen Deckung der Pfandbriefe zu dienen haben, nur mit Zustimmung des ihr beigegebenen Regierungskommissärs verfügen.

Der Regierungskommissär darf seine Zustimmung nur dann erteilen, wenn er die Überzeugung gewonnen hat, daß durch die Verfügung die statutenmäßige Deckung der Pfandbriefe nicht beeinträchtigt wird.

Auf Grund einer Urkunde der Anstalt, welche eine solche Verfügung bezweckt, kann eine Eintragung in den öffentlichen Büchern nur dann erfolgen wenn die Urkunde von dem Regierungskommissär mitgefertigt ist.

§ 2.

Die Besitzer von Pfandbriefen haben das Recht, aus den im § 1 bezeichneten Vermögensobjekten der Anstalt vorzugsweise befriedigt zu werden, daher Gläubiger der Anstalt, deren Forderungen nicht aus Pfandbriefen entspringen, eine Exekution nur unbeschadet dieses Rechtes erwirken können.

Die Gesamtheit dieser Vermögensobjekte bildet im Falle des Konkurses der Anstalt eine besondere Masse, aus welcher jene Gläubiger, deren Ansprüche aus Pfandbriefen der Anstalt entspringen, vor den übrigen Konkursgläubigern zu befriedigen sind.

§ 3.

Wird auf ein Vermögensobjekt einer Anstalt, welche berechtigt ist, unter staatlicher Aufsicht Pfandbriefe auszustellen, Exekution geführt, so hat das die Exekution bewilligende Gericht hiervon den Regierungskommissär von Amtswegen zu verständigen, welchem es obliegt, falls dieses Objekt zur Deckung für die Pfandbriefbesitzer zu dienen hat, das Gericht hiervon in Kenntnis zu setzen. Auf Grund dieser Mitteilung hat das Gericht die bewilligte Exekution der im § 2, Abs. 1 enthaltenen Bestimmung gemäß einzuschränken. Überdies hat der Regierungskommissär, wenn er die Rechte der Besitzer der Pfandbriefe für gefährdet erachtet, die Bestellung eines gemeinsamen Kurators zur Vertretung dieser Besitzer bei dem hierzu zuständigen Gerichte zu erwirken."

Soviel ist klar, daß auch hier wie im deutschen Recht eine tatsächliche Gebundenheit der Deckungsmasse vorliegt; gewisse Vermögensstücke sind

---

69) Übereinstimmend Exner, österreich. Hypothekenrecht, S. 377 Nr. 4. — Frankl in der juristischen V. J. Schrift Bd. 24 S. 59; derselbe, Vortrag im deutschen Juristenverein in Prag v. 5. März 1885; derselbe, „zur Revision des österreich. Konkursrechts" (1896) S. 68.

durch besondere Maßnahmen den Pfandbriefgläubigern zur Vorrechtsbefriedigung gesichert. Woraus aber soll ein darüber hinausgehendes dingliches Recht abgeleitet werden? Pavlicek, der die Frage eingehend erörtert, meint, der Pfandrechtscharakter folge daraus, daß einerseits § 2 Abs. II des Gesetzes von 1874 ein Absonderungsrecht begründet, andererseits aber in Österreich jedes Absonderungsrecht ein dingliches Recht zur Voraussetzung habe (§ 30 Abs. I der österr. K.O. vom 25. Dezember 1868).[70]) Mit anderen Worten: Pavlicek behauptet:

1. Die Pfandbriefgläubiger sind Realgläubiger; Grund hierfür ist ihr auf einem dinglichen Rechte beruhender Anspruch auf vorzugsweise Befriedigung aus „einer besonderen Masse".

2. Sie haben außerhalb des Konkurses ein dingliches Recht (ein Pfandrecht); denn sie sind Gläubiger, die einen Anspruch auf vorzugsweise Befriedigung aus einer bestimmten Masse haben.

Was das eine Mal behauptet ist, wird das andere Mal von Pavlicek zum Beweise angeführt und umgekehrt. Eine solche Argumentation kann nicht als stichhaltig gelten.

Aber selbst zugegeben, daß die Normen über die abgesonderte Befriedigung (§ 30 ff. der österr. K.O.) Anwendung zu finden haben, so ist damit nicht gesagt, daß notwendigerweise ein dingliches Recht zugrunde liegen muß. Normalerweise ist dies allerdings der Fall; beim Absonderungsrecht aus § 30 der österr. K.O. ist es erforderlich. Warum aber soll das neue Reichsgesetz nicht insoweit die Konkursordnung abzuändern vermögen, als es eine der Voraussetzungen des Absonderungsrechts in einem Spezialfall für unnötig erklärt? Nach den allgemeinen Grundsätzen über das Verhältnis der Reichsgesetze zu einander ist diese Möglichkeit gegeben;[71]) ein Pfandrecht aber erschwert die Geschäftstätigkeit der Hypothekenbank dermaßen, daß auch ein vernünftiger Grund, die Ausnahme von einem reichsrechtlichen Grundsatz zu bestimmen, anerkannt werden kann.

Ein Pfandrecht ist sohin den Hypothekenbankobligationären durch das Hypothekenbankgesetz nicht gewährt;[72]) andererseits aber muß be-

---

[70]) Daselbst ist der Begriff der Absonderungsberechtigten („Realgläubiger" im Sinne des österr. Rechts) wie folgt definiert: „Gläubiger, welche aus einem dinglichen Rechte auf vorzugsweise Befriedigung aus bestimmten Gütern des Gemeinschuldners Anspruch haben."

[71]) Vgl. Jaeger, Kommentar, Anm. 2 zu § 47; abw. Pavlicek a. a. O. S. 67 Anm. 62a.

[72]) Denkbar ist eine Pfandrechtbestellung nach § 1187 B.G.B.

tont werden, daß das Hypothekenbankgesetz auch ein Vorrecht außerhalb des Konkurses nicht kennt.[73]) Ein solches wäre an sich möglich und ist auch in Österreich[74]) durch das Gesetz vom 24. April 1874 eingeführt worden. In der Kommission wurde bei der ersten Lesung des deutschen Gesetzentwurfes ein ähnlicher Antrag[75]) gestellt; derselbe wurde aber ebenso wie ein sinnentsprechender, in der zweiten Lesung gestellter Antrag als überflüssig, prinzipwidrig und der rechtlichen Grundlage entbehrend abgelehnt. Nimmt man trotzdem ein Vorrecht außerhalb des Konkurses an, so befindet man sich zweifellos nicht in Übereinstimmung mit dem geltenden Rechte. Dies muß insbesondere Planck-Greiff entgegengehalten werden, die in dem Kommentar zum B.G.B., Vorbem. 3 zu § 1273 ff. einen abweichenden Standpunkt vertreten.[76])[77])

Hervorgehoben sei — nach Ablehnung der Pfandrechtskonstruktion — noch ausdrücklich, daß das gesetzlich anerkannte Rechtsinteresse der Pfandbriefgläubiger an der Deckungsmasse sich zu einem dinglichen Rechte, welcher Art es auch sei, nicht verdichtet hat. Die Verwendung der Hypothekenforderungen zur Deckung stellt zwar eine tatsächliche und rechtliche Belastung, aber nicht eine Belastung durch ein dingliches

---

73) So auch Fuld in dem Jahrb. f. Nationalökonomie und Statistik 1902 S. 365; Könige a. a. O. § 19 Anm. 12.

74) Nicht aber in Ungarn; hier ist die Sonderexekution in einem zur Deckungsmasse gehörigen Gegenstand absolut nichtig; vgl. Pavlicek a. a. O. S. 48; unrichtig dagegen Koch, in Behrends Zeitschrift Bd. VIII S. 842.

75) Der Antrag ging dahin, dem § 35 folgende Bestimmung als Abs. 1 hinzuzufügen: „Die Forderungen der Pfandbriefgläubiger gehen den Forderungen von Gläubigern der Hypothekenbank, für welche diese Gläubiger Hypotheken, Wertpapiere oder Gelder während der Dauer von deren Haftung für die Forderungen der Pfandbriefgläubiger haben pfänden lassen, während dieser Haftungsdauer vor."

76) „Vorrecht im Konkurse, sowie außerhalb des Konkurses nach dem Vorbilde des § 35 des Hypothekenbank-Ges." Übrigens konnte auch die Landesgesetzgebung den Pfandbriefbesitzern der im alten § 17 E.G.z.K.O. genannten Institute kein außerhalb des Konkurses wirksames Vorrecht einräumen. Durch die Verweisung (auf § 17 Z. 1 u. 2) in Art. III E.G.z.K.Nov. war ausdrücklich nur die Wirksamkeit des Faustpfandrechts (Z. 1 u. 2, nicht aber Z. 3 des § 17) ermöglicht. Durch § 43 H.B.G. ist § 17 E.G.z.K.O. und damit die Übergangsvorschrift des Art. III E.G.z.K.O., soweit sie hier in Betracht kommt, beseitigt. — Vgl. auch Jaeger, Kommentar, 1. Aufl. S. 823 gegen Petersen-Kleinfeller, 4. Aufl. Anm. 2 zu Art. III E.G.z.K.Nov. S. 734.

77) Ebenso mißt Kohler dem von ihm angenommenen Absonderungsrechte bei Vollstreckungen auch außerhalb des Konkurses Wirksamkeit zu (Leitfaden des deutsch. Konkursrechts S. 111).

Recht[78]) dar und wird daher in das Grundbuch nicht eingetragen (§ 873 B.G.B.).

Von der rechtlichen Gebundenheit der Deckungsmasse ist der den Hypothekenbankobligationären außerhalb des Konkurses zukommende obligatorische[79]) Anspruch auf Instandhaltung der Deckungsmasse zu unterscheiden; dieser Anspruch richtet sich gegen die Bank; seine Verfolgung liegt außer der Aufsichtsbehörde dem Treuhänder ob.

---

[78]) Anders bei den sogen. alten Pfandbriefen der Landschaften.

[79]) Übereinstimmend Bodo Lehmann S. 67ff; Seidel in Holdheims Monatsschrift 1902 S. 178.

III. Die Rechtsstellung der Obligationäre im Konkurse der Bank.

§ 5. a. Allgemeine und historische Begründung des Privilegs.

I.

Im vorigen Paragraphen wurde dargelegt, daß die Hypothekenbank-Obligationäre außerhalb des Konkurses eine rechtliche Sicherheit genießen, die vielfach auch gegenüber zivilrechtlichen Ansprüchen Dritter an die Bank standzuhalten vermag.[1]) Entgegen Simon[2]) kann daher nicht jede zivilrechtliche Wirkung des Hypothekenbankgesetzes außerhalb des Konkurses verneint werden. Aber immerhin ist ihr eine große Bedeutung nicht zuzuschreiben; der wichtigste Rechtsschutz der Obligationäre tritt vielmehr erst im Konkurse in Kraft.[3])

Die Schuldverschreibungsgläubiger nehmen im Konkurse der Hypothekenbank eine privilegierte Stellung ein; insofern ist der oberste Grundsatz, der sonst für die Gläubigerbefriedigung im Konkurse gilt, die par condicio creditorum, neuerlich durchbrochen. Hierzu bedurfte es eines gesetzlichen Eingriffes; denn ohne solchen war die Begründung eines Sicherheits- oder Vorzugsrechtes für den Konkursfall nicht denkbar.[4]) Der Gesetzgeber konnte auf zweierlei Weise vorgehen; er konnte den Banken die Befugnis gewähren, die Sicherheit zu schaffen oder er konnte eine solche Sicherheit gleich selbst durch das Gesetz begründen; diesen letzteren Weg hat das Hypothekenbankgesetz beschritten. Dasselbe überläßt es nicht dem

---

[1]) Dies übersieht L. Seuffert in Buschs Zeitschr. Bd. 27 S. 104.

[2]) In Holdheims Monatsschrift Bd. XI. S. 231.

[3]) Eine gegenteilige Regelung findet sich in verschiedenen anderen Ländern.

[4]) R.G. Bd. 20 S. 135 ff.; — vgl. Windscheid-Kipp, Pandekten (1900) Bd. 2 S. 104.

statutarischen Willen der einzelnen Banken, die besondere Konkurssicherheit ihrer Obligationen zu begründen oder nicht, es stellt vielmehr — im Gegensatz zu den Entwürfen von 1879 und 1880[5]) und zu verschiedenen ausländischen Rechten — sämtliche Hypothekenbanken, unabhängig von dem Willen der einzelnen, auf gleiche Stufe.

In dieser Beziehung können auch die Satzungen der Bank keine Änderung treffen. Sie können die gesetzliche Privilegierung weder beschränken noch beseitigen. Aber auch eine Ausdehnung der privilegierten Stellung ist gegenüber dem zwingenden Rechte der Konkursordnung und des § 35 H.B.G. nicht möglich.[6]) Darum fällt auch ein Pfandbriefreservefond im Konkurse der Bank nicht in die Pfandbriefdeckungsmasse,[7]) sondern in die allgemeine Konkursmasse.

Die Regelung ist eine reichsgesetzliche; die Möglichkeit hierfür war nach der Reichsverfassung vorhanden; die Zweckmäßigkeit ergibt sich aus der Zerstreutheit der Banken und aus der Ausdehnung ihrer Tätigkeit über das ganze Reich.[8])

Die Regelung ist ferner eine ausschließliche, d. h. früher bestellte Pfandrechte und früher eingegangene Verpflichtungen zur Bestellung von Pfandrechten sind erloschen und haben ihre Wirksamkeit verloren (§ 53^{II} H.B.G.)

II.

Welcher Art sollte nun die konkursrechtliche Privilegierung sein?

Verschiedene Wege standen offen, um eine Abweichung von dem Prinzip der Gleichheitsbehandlung zu erreichen. Einerseits konnte man Sonderrechte schaffen, die den Gläubiger von der Stellung als Konkursgläubiger überhaupt ausschließen (das Aussonderungs- und Absonderungsrecht; letzteres schließt nur die Absonderungsberechtigten als solche von der Beteiligung im Konkurse aus). Andererseits konnte man sich damit begnügen, dem Gläubiger unter Behandlung als Konkursgläubiger eine Sonderstellung einzuräumen (Konkursvorrecht

[5]) In der allgemeinen Begründung zu dem Entwurfe von 1879 wurde ausdrücklich gegen ein gesetzliches Pfandrecht Stellung genommen. Vgl. Stenogr. Berichte S. 432.

[6]) R.G. Bd. 20 S. 135 ff.

[7]) Vgl. unten § 71.

[8]) Über die Frage der Zweckmäßigkeit vgl. die Ausführungen Hechts in der Deutsch. Jurist. Zeitg. 1898 S. 364 ff.

oder Konkursvorzugsrecht[9]). Diese verschiedenen Arten von Sonderrechten dienen verschiedenen wirtschaftlichen Zwecken. Bei der Hypothekenbank handelt es sich um die Sicherung der Gläubiger; für die Sicherung aber kommen in der Hauptsache nur das Absonderungsrecht und das Konkursvorrecht in Betracht. Das Aussonderungsrecht würde die Verminderung der Konkursmasse um die volle Deckungsmasse bedeuten; seine Einführung hätte zwar — auch ohne materiellrechtliche Grundlage außerhalb des Konkurses — durch Reichsgesetz wohl erfolgen können; sie wäre aber, da das Aussonderungsrecht die auszusondernden Gegenstände aus der Konkursmasse herausnimmt, ohne Rücksicht darauf, in wieweit (bis zu welcher Werthöhe) die Gegenstände zur Befriedigung der privilegierten Gläubiger erforderlich sind, durch nichts gerechtfertigt gewesen. Die Form der konkursrechtlichen Sicherheit konnte also nur die des Konkursvorrechtes oder des Absonderungsrechtes sein. Hiervon ging man auch zu allen Zeiten aus.

III.

In der ersten Zeit des Bestehens der Hypothekenbanken war die Rechtslage sehr bunt. Immobiliardeckungswerte lagen zwar den Pfandbriefen sämtlicher Hypothekenbanken zu grunde; die Art der Haftung war aber sehr verschieden. Im großen und ganzen ließen sich zwei Gruppen von Banken von einander unterscheiden:[10]) diejenigen, die den Schuldverschreibungsgläubigern ein Separationsrecht oder Vorzugsrecht im Konkurse vertragsmäßig gewährten und andererseits die mit Pfandbriefausgabe ohne solche Konkurssicherheit. Auch schon damals kam als juristische Form der Sicherheit nur eine Sicherheit im Konkurse in Betracht. Mangels einer besonderen Rechtsquelle, die die „symbolische" Verpfändung durch Einführung eines „Pfandhalters" ermöglichte, war in verschiedenen Staaten die rechtswirksame Einräumung einer Konkurssicherheit völlig ausgeschlossen; in anderen Staaten bestanden Zweifel, ob die eingeführte symbolische Verpfändung den gesetzlichen Anforderungen entsprach.[11])

---

[9]) Diese Benennung findet sich insbesondere in den neuen Gesetzen: vgl. hierzu L. Seuffert in Buschs Zeitschr. f. Civ.-Prozeß Bd. 27 S. 104.

[10]) Vgl. Stroell „Über die konkursrechtliche Realsicherheit fundierter Gläubigerpapiere" S. 11.

[11]) Für die Wirksamkeit nach bayer. Recht und die Anwendbarkeit des § 21 Ziff. I der Prioritätsordnung: Stroell a. a. O. S. 13 ff. mit ausführlicher Begründung.

Auch der Bundesgesetzentwurf von 1868[12]) hätte, wenn er Gesetz geworden wäre, nichts an dem Stand der Sache geändert; denn er sah eine rechtliche Sicherheit der Schuldverschreibungsgläubiger nicht vor (Bestimmungen für den Fall des Konkurses der Bank enthielt er überhaupt nicht!).[13])

Da kam das Jahr 1877, das Geburtsjahr der Reichsjustizgesetze. An die Stelle der landesrechtlichen Prioritätenordnungen usw. trat die Reichskonkursordnung. Sie schränkte die Zahl der Konkursprivilegien bedeutend ein; wie die Motive sagen, trug man sich sogar mit dem Gedanken, sie überhaupt ausnahmslos zu beseitigen.[14]) Man wollte nur nicht auf einmal, mit einem Schlage, die Rechtsentwicklung der Jahrhunderte über den Haufen werfen.

Es ist erklärlich, daß der Gesetzgeber auch an den Privilegien der Schuldverschreibungsgläubiger, welche einzelne Hypothekenbanken statutarisch — dem Rufe[15]) nach Pfandbriefsicherheit folgend — geschaffen hatten, nicht achtlos vorüberschreiten konnte. Darum wurde in das Einführungsgesetz zur Konkursordnung folgende Bestimmung aufgenommen:

„§ 17. Der Landesgesetzgebung bleibt vorbehalten, Bestimmungen zu treffen, nach welchen

1. den Inhabern der von Gemeinden oder anderen Verbänden, von Korporationen, Aktiengesellschaften, Kommanditgesellschaften auf Aktien oder Genossenschaften ausgestellten Pfandbriefe oder ähnlicher auf Grund erworbener Forderungen von denselben ausgestellter Wertpapiere an solchen Forderungen ein Faustpfandrecht im Sinne des § 40 der Konkursordnung dadurch gewährt werden kann, daß einem Vertreter sämtlicher Inhaber allein oder in Gemeinschaft mit dem Aussteller die Ausübung des Gewahrsams der über die Forderungen lautenden Urkunden übertragen oder auf

---

[12]) Vgl. dazu Zimmermann in Buschs Arch. f. Deutsches Handelsrecht, Bd. 15 S. 285 ff.

[13]) Siehe oben S. 23.

[14]) Vgl. v. Sarwey in Goldschmidts Zeitschrift für Handelsrecht, Bd. 23 S. 404. — Wilmowski-Kurlbaum, Vorbem. I z. 8. Titel der K.O. — L. Seuffert, Konkursprozeßrecht, S. 60. — Oetker, Konkursrechtliche Grundbegriffe S. 476.

[15]) In den 70er Jahren kam das allgemeine Verlangen nach Realsicherheit für die Obligationen der Hypothekenbank in ständigen Rubriken der Tagespresse zum Ausdruck. Vgl. darüber: Julian Goldschmidt „Deutsche Hypothekenbanken" (1880) S. 42.

diesen Urkunden die Gewährung des Pfandrechts vermerkt wird;

2. den Inhabern von Schuldverschreibungen, welche von den unter Nr. 1 bezeichneten Schuldnern über eine Anleihe ausgestellt sind, an gewissen beweglichen körperlichen Sachen ein Faustpfandrecht im Sinne des § 40 der K.O. dadurch gewährt werden kann, daß einem Vertreter sämtlicher Inhaber allein oder in Gemeinschaft mit dem Aussteller die Ausübung des Gewahrsams der Sachen übertragen wird;

3. den Inhabern von Schuldverschreibungen, welche von den unter Nr. 1 bezeichneten Schuldnern über eine Anleihe ausgestellt sind, ein Vorrecht vor nicht bevorrechtigten Konkursgläubigern, deren Forderungen später entstehen, dadurch gewährt werden kann, daß die zu bevorrechtigenden Forderungen in ein öffentliches Schuldenbuch eingetragen werden."

Die Möglichkeit der landesrechtlichen Regelung war damit begründet; doch hierdurch war dem Verlangen weiter Kreise des Publikums und der Banken selbst nicht Genüge geschehen. Die Forderung nach einem Reichsgesetze wurde abermals erhoben; an demselben Tage, an dem die Konkursordnung im Reichstage in dritter Lesung angenommen wurde, am 21. Dezember 1876, beschloß der Reichstag, eine Resolution an den Reichskanzler zu richten, durch die dieser ersucht wurde, die reichsgesetzliche Regelung der Pfandbrieffrage noch vor Inkrafttreten der Konkursordnung zu veranlassen. Die greifbare Folge dieser Resolution sehen wir in den Gesetzesentwürfen vom 11. März 1879 und 27. Februar 1880.[16]) Ihnen lag der Gedanke zugrunde, jeder einzelnen Bank die Möglichkeit einzuräumen, ihren Obligationären ein Faustpfandrecht im Sinne des § 40 der K.O. von 1877 (jetzt § 48 K.O.) an der Deckungsmasse zu gewähren. Es wurde damals viel darüber geschrieben, ob ein Faustpfandrecht oder ein Konkursvorrecht zweckmäßiger sei. Während man das letztere für nicht ausreichend hielt,[17]) wurde das erstere als nicht durchführbar bekämpft. In den maßgebenden Kreisen neigte man damals entschieden der Gewährung eines Pfandrechtes zu. Dies

[16]) Zusammengestellt von Hecht, „Zur Frage des Faustpfandrechts für Pfandbriefe", in den Annal. des Deutschen Reichs 1880.

[17]) Hiergegen insbesondere: v. Stengel in den Annal. des Deutschen Reichs 1878 S. 891.

mag vielleicht damit zusammenhängen, daß bereits vorher vonseite einzelner Banken diese Rechtsform zur Sicherheitseinräumung gewählt worden war. Schließlich kam aber das geplante Gesetz überhaupt nicht zustande.

In den folgenden zwei Jahrzehnten machten die Einzelstaaten zum Teil[18]) von der Befugnis des § 17 E.G.z.K.O. Gebrauch; zum Teil aber begnügten sie sich mit dem Erlaß von Normativbestimmungen für ihre Banken.

Erst der 13. Juli 1899 brachte die längst ersehnte Regelung des Hypothekenbankwesens. Lange Vorbereitungen waren vorangegangen; der Gesetzentwurf, der ihnen entsprang, wurde vielfach besprochen, und fand — abgesehen von der Beanstandung einzelner Punkte — beinahe ungeteilte, warme Aufnahme. Er war von dem Bestreben diktiert, die Ansprüche der Obligationäre zu sichern; das gleiche Ziel wurde auch in den folgenden Kommissions- und Parlamentsverhandlungen nicht aus dem Auge verloren. Die rechtliche Sicherstellung sollte insbesondere für den Fall des Konkurses ihre Regelung finden. Als Form der Sicherheit schlug der Entwurf im Gegensatz zu den Gesetzesvorlagen von 1879 und 1880 ein Konkursvorrecht vor; aber ein Vorrecht, das nicht identisch sein sollte mit dem des § 54 (nun 61) der K.O.

„Das Vorzugsrecht des Entwurfes unterscheidet sich von dem im § 54 der K.O. anerkannten Vorzugsrechte dadurch, daß es sich nicht auf die ganze Konkursmasse, sondern nur auf die Hypotheken bezieht, die als Deckung der Pfandbriefe in das Hypothekenregister eingetragen sind. Ein allgemeines Vorzugsrecht im Sinne des angeführten § 54 würde die sonstigen Gläubiger der Bank unbillig benachteiligen; es wäre auch bei denjenigen Banken ganz undurchführbar, welche neben den Bodenkreditgeschäften noch andere Geschäfte betreiben. Behufs Sicherung der Pfandbriefgläubiger (und sonstiger Schuldverschreibungsgläubiger) kann es sich lediglich um ein auf die hypothekarischen Forderungen (bezw. auf die sonstige Deckungsmasse) beschränktes Vorzugsrecht handeln", da der wirtschaftliche Zusammenhang, der das Vorzugsrecht begründet, nur insoweit besteht. Auf dieses Konkursvorrecht sollten die für die Absonderungsberechtigten geltenden Vorschriften der §§ 57, 141, 143, 144 und des § 155 Nr. 3 der K.O. (a. F.) entsprechende Anwendung finden. In den

---

[18]) Siehe oben S. 7 Anm. 41.

bezeichneten Grenzen sollte das Recht wie ein Absonderungsrecht behandelt werden; im übrigen aber stellte es sich als ein Konkursvorrecht dar. Dieser Charakter des Privilegs blieb auch in den Kommissions- und Parlamentsverhandlungen ohne jegliche Veränderung bestehen und hat so seine Aufnahme in das Gesetz selbst gefunden.

§ 6. b. Das Wesen des Privilegs im geltenden Recht.

Die Gestaltung des Privilegs der Obligationäre im geltenden Rechte entspricht vollkommen der Entstehungsgeschichte des Gesetzes. Der Wortlaut des Gesetzes läßt über die Rechtsnatur des Privilegs keinen Zweifel. Absatz 1 des § 35 beginnt, wie folgt:

> „Ist über das Vermögen der Hypothekenbank der Konkurs eröffnet, so **gehen** in Ansehung der Befriedigung aus den in das Hypothekenregister eingetragenen Hypotheken und Wertpapieren die Forderungen der Pfandbriefgläubiger den Forderungen aller anderen Konkursgläubiger **vor**.

Es ist also ausdrücklich gesagt, daß eine bestimmte Gläubigerkategorie allen anderen vorangeht, daß alle anderen mit ihrem Anspruche auf Befriedigung hinter jene zurückzutreten haben. In Absatz 4 des § 35 ist dann die nämliche Auffassung wiederholt, indem „von dem zur vorzugsweisen Befriedigung" dienenden Teil der Konkursmasse gesprochen ist. Darin kommt klar zum Ausdruck, daß die Pfandbriefgläubiger in der Rangordnung der Konkursgläubiger an erster Stelle stehen, daß für sie ein Vorrecht oder Vorzugsrecht oder Vorgangsrecht — wie man es mit Kohler (Leitfaden S. 112) im unmittelbaren Anschlusse an den Gesetzestext des Absatz 1 nennen mag — begründet ist. Allerdings ist auch das Absonderungsrecht seinem Wesen nach nichts anderes[1]) als ein Anspruch auf vorzugsweise Befriedigung. Diese Formulierung wird aber vom deutschen Gesetzgeber für das Absonderungsrecht geflissentlich vermieden. Aus dem Wortlaute des Gesetzes in Verbindung mit dem Sprachgebrauche sonstiger Gesetze ergibt sich als unzweifelhaft die gesetzliche Einräumung eines „Vorzugsrechts" durch § 35, ein

---

[1]) Vgl. Wolff, Absonderungsrecht S. 24; Sarwey-Bossert Kommentar z. K. O. S. 195; cfr. insbes. auch die Fassung des § 30 d. österr. K.O. (oben S. 28).

Resultat, das von keiner Seite, insbesondere auch nicht von Kohler und Fuld bestritten wird.[2]) Erkennt man aber dies als richtig an, so muß man den Pfandbriefgläubigern die Stellung eines Konkursgläubigers (nämlich eines bevorrechtigten Konkursgläubigers) zugestehen. Es ist nicht angängig, zunächst zuzugeben, daß ein Vorrecht vorliegt, dann aber sofort einschränkend dasselbe als Absonderungsrecht zu charakterisieren und die allgemeine Geltung der absonderungsrechtlichen Normen zu bejahen.[3]) Daß das hier in Betracht kommende Vorzugsrecht begrifflich einem Absonderungsrecht nahe kommt, kann allerdings nicht bestritten werden. Auch der Gesetzgeber war sich des Unterschiedes des Spezialvorzugsrechts[4]) des § 35 H.B.G. von den allgemeinen Vorrechten des § 61 K.O. wohl bewußt.[5]) Während diese letzteren als Ansprüche auf Vorausbefriedigung aus dem Erlöse der gesamten Konkursmasse aufzufassen sind, ist das Vorzugsrecht des § 35 H.B.G. auf einen bestimmten Teil der Masse beschränkt; m. a. W.: es liegt hier ein „Anspruch auf vorzugsweise Befriedigung aus einem Teile der Konkursmasse" vor. Begrifflich deckt sich dieser Anspruch vollkommen mit dem Absonderungsrecht.[6]) Die Notwendigkeit der Befriedigung des Absonderungsberechtigten außerhalb des Konkurses ist ja nicht Begriffsmerkmal, sondern Wirkung des Rechts. Die

---

[2]) Vgl. Riesser, Beilageheft z. Bd. 47 von Goldschmidts Zeitschr. S. 86 ff.: Dove a. a. O. S. 21; — Göppert, Merzbacher, Bonschab, Hillig zu § 85 des Gesetzes; — Hecht in der Deutsch. Juristenzeitung 1898 S. 365; — derselbe „Die Mannheimer Banken 1870—1900" in Schmollers staats- und sozialwissenschaftlichen Forschungen Bd. 20 Heft 6 S. 8. — Goldstein a. a. O. S. 22. — B. Lehmann a. a. O. S. 66 ff. — Seidel in Holdheims Monatsschrift XI. Jahrg. (1902) S. 176 ff., 182. — Simon, ebenda, S. 281. — Thaler a. a. O. S. 26. — Rehm a. a. O. S. 811, 880 ff. — Lothar Seuffert in Buschs Zeitschr. f. Ziv.-Prozeß Bd. 27 S. 108 ff. — Jaeger, Kommentar, § 47 Anm. 2, § 61 Anm. 1. — Sarwey-Boßert, Kommentar, S. 542. — Petersen-Kleinfeller, Kommentar, S. 314 ff. — Wilmowski-Kurlbaum, Kommentar, Vorbem. zum 8. Titel S. 264 ff. — Kohler, Leitfaden, S. 111 ff. — Fuld a. a. O. S. 365 ff. — Hecht, das Hypothekenbankrecht § 10 — Gunz a. a. O. S. 36.

[3]) Abw. Kohler, Leitfaden, S. 111 ff. — Fuld a. a. O. S. 365. — Ungenau auch Merzbacher S. 94: „abgesonderte Befriedigung, jedoch nicht unabhängig vom Konkursverfahren". — Darüber, daß z. B. die von Merzbacher behauptete Anwendbarkeit des § 48 K.O. nicht vorliegt, siehe unten bei Anm. 17.

[4]) Diese Bezeichnung findet sich schon in der allgem. Begründung zum E. 1879 (Aktenstück No. 50, in den stenogr. Bericht. S 341.)

[5]) Vgl. oben S. 36.

[6]) Vgl. Sarwey-Boßert, Kommentar S. 195; — Jaeger, Kommentar, § 48 Anm. 1.

begriffliche Übereinstimmung hätte den Gesetzgeber veranlassen sollen, nicht ein Spezialvorrecht, sondern ein Absonderungsrecht für den Konkursfall zu begründen. Damit wäre die Hauptbeschwerde[7]) gegen den § 35 H.B.G. — die Klage über die Unverzinslichkeit[8]) der Obligationen während des Konkurses (§ 63 K.O.) — von vornherein in Wegfall gekommen; denn für Absonderungsberechtigte findet die Bestimmung des § 63 Ziff. 1 K.O. keine Anwendung.[9]) Von der Schaffung eines Absonderungsrechtes hätte den Gesetzgeber auch nicht die Erwägung abhalten sollen, daß ein Absonderungsrecht ohne pfandrechtliche oder ähnliche Grundlage früher nicht bestanden hat. Manche Schriftsteller scheinen allerdings in dem Gedanken befangen zu sein, daß ohne solche rechtliche Grundlage ein Absonderungsrecht nicht möglich ist. Dieser Anschauung aber muß ganz entschieden entgegen getreten werden. Auf Grund der Konkursordnung kann zwar ein Absonderungsrecht nicht eingeräumt werden, ohne daß die Voraussetzungen der §§ 47 ff. erfüllt sind; warum aber sollte nicht ein späteres Reichsgesetz eine Änderung treffen können? Wie Jaeger in Anm. 2 zu § 47 K.O. hervorhebt, hat sich der Gesetzgeber schon selbst in einem Fall[10]) auf den Standpunkt gestellt, daß der Kreis der nach der Konkursordnung zulässigen Absonderungsrechte durch ein späteres Reichsgesetz erweitert werden konnte; warum hätte nun der Gesetzgeber vom Jahre 1899 nicht denselben Weg beschreiten können, wie der des Jahres 1897?

Aber selbst wenn man die Begründung eines neuen Absonderungsrechts (ohne Pfandrechtsunterlage) für eine Prinzipwidrigkeit, für einen Verstoß gegen die den 5. Titel der Konkursordnung beherrschenden Gesichtspunkte hielt, mußte man dann nicht auch die Einführung eines Spezialvorzugsrechtes, d. h. eines Rechtes, das begrifflich[11])

7) Bodo Lehmann a. a. O. S. 72. — Simon in Holdheims Monatsschr. Bd. XI S. 281. — Kohler, Leitfaden, S. 112 (K. nennt dies die „praktisch schwächste Seite" des ganzen Gesetzes. M. E. darf die praktische Bedeutung dieses Umstandes wegen der Seltenheit eines Hypothekenbank-Konkurses nicht überschätzt werden; wichtiger sind wohl die Vorschriften über die Deckung der Pfandbriefe und die Bilanz der Bank!); — Kritzler a. a. O. S. 74. Hecht, Hypothekenbankrecht § 10.

8) Dieselbe wird von Merzbacher Anm. 1 zu § 35 zu Unrecht geleugnet; siehe unten bei Anm. 17.

9) Vgl. Jaeger § 63 Anm. 2; R.G. v. 6. April 1888, Bolze Bd. 6 Nr. 118.

10) § 85 II S. 3 der Gewerbeordnung in der Fassung vom 26. Juli 1897 (R.G.Bl. S. 663).

11) Vgl. L. Seuffert in Buschs Zeitschr. f. Civ.-Prozeß Bd. 27 Nr. 103.

Absonderungsrecht, nach dem positiven Rechte aber Vorrecht ist, in gleicher Weise be- bezw. verurteilen? Jedenfalls hätte der Gesetzgeber, so gut wie er in dem Gesetze „eine neue Art"[12]) von Vorzugsrecht schuf, die Möglichkeit gehabt, ein neues Absonderungsrecht zur Entstehung zu bringen.

Diese Bemerkungen de lege ferenda und zur Zurückweisung der Lehre L. Seufferts,[13]) daß dem Spezialvorzugsrecht des § 35 H.B.G. ein Moment fehlt, daß für Absonderungsrechte charakteristisch ist!

De lege lata aber muß daran festgehalten werden, daß die Pfandbriefgläubiger und die diesen gleichbehandelten Schuldverschreibungsgläubiger bevorrechtigte Konkursgläubiger sind. Nicht die theoretische Konstruktion, sondern der tatsächlich in dem Gesetz zum Ausdruck gekommene Wille des Gesetzgebers ist entscheidend.[14]) Über eine mit diesem in Widerspruch stehende Konstruktion muß vom Standpunkt der Betrachtung des geltenden Rechtes hinweggesehen werden, selbst wenn die theoretische Konstruktion, wie im vorliegenden Falle, den wirtschaftlichen Interessen besser entspricht als die Norm des Gesetzes.[15])

Steht nun aber den Obligationären der Hypothekenbank ein Absonderungsrecht nicht zu, so können auch die absonderungsrechtlichen Normen nur insoweit Geltung haben, als dies ausdrücklich im Gesetze bestimmt ist.[16]) Danach finden nur die in § 35 Ziff. 2 H.B.G. bezeichneten Vorschriften der §§ 64, 153, 155, 156 und 168 Nr. 3 K.O. entsprechende Anwendung, nicht aber auch andere, z. B. die §§ 4^{II}, 48,[17]) 120, 127, 133 Ziff. 2 K.O.

Abweichend hiervon meint Fuld,[18]) daß die Pfandbriefbesitzer ein Vorrecht im Konkursverfahren haben, daß sie aber „im übrigen

---

[12]) Diesen Charakter betont insbesondere Jaeger, in Anm. 3 zu § 47 K.O. Das erste Spezialvorzugsrecht ist es allerdings nicht (vgl. § 12 Abs. 2 E.G.z.K.O. a.F.; hierzu v. Wilmowski (5. Aufl.) E.G. § 12 Anm. 3 S. 549).

[13]) A. a. O. S. 104.

[14]) R.G.Z.C.S. vom 21. Februar 1902 Bd. 51, 8. — Jaeger § 29 Anm. 55.

[15]) Vgl. oben bei Anm. 7.

[16]) Übereinstimmend Hillig S. 95.

[17]) Abw. Merzbacher Anm. 1 zu § 85. — Siehe übrigens auch unten § 8 bei Anm. 19.

[18]) A. a. O. S. 865. Göppert (S. 72 ff.) steht wohl auf unserem Standpunkte, wenn er auch allgemein sagt: „ . . . finden, was die Befriedigung der P.G. aus der übrigen Masse anlangt, die für das Absonderungsrecht geltenden Vorschriften Anwendung".

den absonderungsberechtigten Gläubigern gleichstehen". Und ebenso lehrt Kohler,[19]) der das Spezialvorrecht als „uneigentliches Absonderungsrecht"[20]) bezeichnet: „daß die Grundsätze des Absonderungsrechts gelten, ergibt sich aus dem § 35 des Gesetzes mit Sicherheit". Das Gegenteil hiervon ist nach der obigen Darlegung richtig! Kohler räumt dies — zum Teil wenigstens — selbst ein, indem auch er[21]) die Meinung vertritt, daß verschiedene Gesetzesbestimmungen der Konkursordnung, die an sich nicht für Absonderungsberechtigte gelten, hier Anwendung zu finden haben, und daß insbesondere die Obligationäre im Konkurse keine Zinsen verlangen können, weil der Gesetzgeber „das Absonderungsrecht in das Gewand des Vorgangsrechtes steckte."

Fassen wir den Inhalt des Vorstehenden in kurzen Worten zusammen, so müssen wir das Spezialvorzugsrecht mit L. Seuffert und Jaeger als ein neues, auch neugeartetes, dem Absonderungsrecht[22]) angenähertes Konkursvorrecht — ein modifiziertes Konkursvorrecht, nicht ein modifiziertes Absonderungsrecht — bezeichnen. Wie die übrigen Vorrechte ist es ein streng akzessorisches Recht; im Gegensatze zum Absonderungsrechte[23]) tritt es stets in Begleitung einer persönlichen Forderung gegen die Bank (der Forderung aus der Schuldverschreibung) auf. Ohne die Forderung ist es weder übertragbar noch vererblich, mit ihr ist es aber auch im Konkurse der Bank dem Vermögensverkehre freigegeben.[24]) Gegenüber Aus- und Absonderungsrechten verliert es — wie jedes Vorrecht — seine Kraft.

Durch das Privileg das § 35 des H.B.G. wurde die im Jahre 1877 wesentlich herabgesetzte[25]) Zahl der Konkursvorrechte wieder um eines vermehrt. Außerdem hat die neue Gesetzgebung noch zwei weitere Vorzugsrechte begründet:

1. das Vorrecht der Tierärzte, ein allgemeines Vorrecht nach § 61

---

[19]) A. a. O. S. 111.

[20]) Über diesen Begriff: Kohler a. a. O. S. 105.

[21]) A. a. O. S. 112.

[22]) Insbesondere durch die entsprechende Anwendbarkeit der §§ 64, 153, 155, 156 und 168 Nr. 3 K.O.

[23]) Vgl. Wolff, Absonderungsrecht S. 35

[24]) § 401 II B.G.B.; vgl. auch Seuffert, Konkursprozeßrecht S. 66; ein Erwerb eines Vorzugsrechtes im Sinne des § 15 K.O. (Erwerb durch Neubegründung) liegt bei dieser Sachlage nicht vor.

[25]) Vgl. oben § 5 bei Anm. 14.

Ziff. 4 K.O.; dasselbe wurde in die Konkursnovelle vom 17. Mai 1898 im Interesse „unbemittelter Landwirte" aufgenommen;

2. das dem Spezialvorzugsrecht des § 35 H.B.G. nachgebildete, demselben gleichgeartete Vorzugsrecht der Versicherten im Konkurse einer Lebensversicherungsanstalt (§ 61 III des Ges. über die privaten Versicherungsunternehmungen v. 12. Mai 1901, R.G.Bl. S. 139ff.).

Auch die neuen Vorzugsrechte sind ebenso wie die alten der Konkursordnung von 1877 mit der Schutzbedürftigkeit gewisser Personen begründet. Mit Unrecht wendete sich Sarwey gegen diese Begründung.[26])

Die Tragweite der Einräumung eines Spezialvorzugsrechtes durch § 35 H.B.G. erhellt insbesondere aus einem Vergleich mit den allgemeinen Vorrechten des § 61 K.O. Während letztere einen Anspruch auf Vorbefriedigung aus dem Erlöse der **ganzen** Konkursmasse gewähren, ist das erstere Privileg auf einen Teil der Konkursmasse, die sogenannte Deckungsmasse, beschränkt. Insofern liegt also hier ein minder gewichtiges Recht vor; andrerseits aber geht das Spezialvorzugsrecht viel weiter als das einfache Konkursvorrecht; denn bei Konkurrenz zwischen den beiden Arten haben die Obligationäre hinsichtlich ihrer Deckungsmasse den Vorrang „**vor allen** anderen **Konkursgläubigern**," also auch vor **anderen bevorrechtigten** Konkursgläubigern.[27]) Als solche (andere bevorrechtigte Konkursgläubiger) kommen beispielsweise nach § 61 Z. 1 K.O. bevorrechtigte Personen, insbesondere die Direktoren und Liquidatoren der verganteten Hypothekenbank[28]) für ihre aus dem letzten Jahr vor der Konkurseröffnung rückständigen Dienstbezüge, aber auch spezialbevorrechtigte, die an einer anderen Deckungsmasse ein Spezialvorrecht haben, in Betracht; hinsichtlich der Befriedigung aus dem für die Pfandbriefdeckungsmasse erzielten Erlöse z. B. ist die Rangordnung folgende:

---

26) In Goldschmidts Zeitschr. f. H.R. Bd. 23, S. 404: „unter den Gesichtspunkt der Rücksicht auf das öffentliche Wohl" und „der besonderen Schutzbedürftigkeit gewisser Gläubiger", „in Wahrheit aber wohl mehr aus einer begründeten Rücksicht auf das althergebrachte, allen Gesetzgebungen gemeinsame Recht."

27) Abw. die frühere landesgesetzliche Regelung auf Grund des alten § 17 Z. 3 E.G.z.K.O.: „ein Vorrecht vor nichtbevorrechtigten Konkursgläubigern."

28) Staub, H.G.B. § 231 Anm. 31. — Jaeger § 61 Anm. 13.

In 1. Linie kommen die Forderungen der Pfandbriefgläubiger zum Zug, insoweit diese nicht auf Vorrechtsbefriedigung verzichtet haben (§ 35 II H.B.G. mit § 64 K.O.); dann folgen

2. die allgemein bevorrechtigten Forderungen (§ 61 Z. 1—5 K.O.);

3. alle übrigen Konkursforderungen (§ 61 Ziff. 6); hierunter fallen die Forderungen der Kommunal- und Kleinbahnobligationäre und Rentenbriefgläubiger, insoweit diese nicht aus ihren Spezialdeckungsmassen befriedigt sind (Ausfall- oder Verzichtforderung; § 64 K.O. auf Grund des 35 II H.B.G.), ferner im Falle des Vorrechtsverzichtes die Ansprüche der Pfandbriefgläubiger.

Aus dem bisher Gesagten geht hervor, daß es sich im § 35 H.B.G. nicht um einen Fall des Sonderkonkurses, sondern um ein Vorrecht im Konkurse der Bank handelt. Dies gilt auch bei Gliederung der Bank in verschiedene Abteilungen: in „kaufmännische" nnd „Hypothekenabteilungen." Ein besonderer Konkurs über das Vermögen einer derartigen Abteilung findet nicht statt. Mit Recht hat Stroell[29]) auch schon nach der bayerischen Prioritätenordnung[30]) die Zulässigkeit eines solchen Partikularkonkurses bestritten; denn die mehreren Abteilungen der Bank stellen nur ein Handelsgewerbe dar. — Die begriffliche Voraussetzung des Sonderkonkurses — die Berechtigung einer Gläubigermehrheit zum Zugriffe auf eine bestimmte Vermögensmasse vor anderen Gläubigern[31]) — liegt allerdings vor; die positive Norm schließt aber trotz begrifflicher Möglichkeit den Sonderkonkurs aus.[32]) Mit Recht! Denn eine genügende Veranlassung[33]), die Deckungsmasse zur Konkursmasse zu gestalten und einen Sonderkonkurs zu eröffnen, besteht nicht.

[29]) Stroell a. a. O. S. 32.

[30]) § 8 Ziff. 5 der bayer. Prioritätenordnung lautete:
„Ein Partikularkonkurs findet statt:
„5. wenn der Schuldner zu gleicher Zeit verschiedene Fabriken, Handlungen oder Gewerbe unter verschiedenen im Handelsregister eingetragenen Firmen betrieben hat; in diesem Fall können jene Gläubiger, welche nach Ausweis der Handelsbücher nnd Handelsbriefe ausschließend zu einem oder dem anderen Geschäfte Kredit gegeben haben, auf Absonderung des dazu gehörigen Vermögens zu ihrer Befriedigung aus demselben antragen.

[31]) Jaeger § 1 Anm. 60; — abw. Sarwey-Bossert S. 33.

[32]) Vgl. Alfred Schultze in Goldschmidts Zeitschrift für Handelsrecht Bd. 47 (1898) S. 514.

[33]) Kohler, Leitfaden S. 70 f.

Die Folgerungen aus dem dargestellten Wesen des Konkursprivilegs werden weiter unten im einzelnen gezogen; hier sei noch hervorgehoben, daß in dem Konkurse der „Deutschen Grundschuldbank[34]) in Liquidation" die hier niedergelegte Auffassung fast durchweg[35]) von der Praxis vertreten wurde.

Anhang.

Ein ähnlicher Rechtscharakter wie dem Privileg der Deutschen Hypothekenbank-Obligationäre kommt der Sonderstellung der Pfandbriefgläubiger in Österreich,[36]) Ungarn,[37]) Frankreich[38]) und Dänemark[39]) zu; das italienische Recht[40]) hingegen räumt den Schuldverschreibungsgläubigern der Bodenkreditbanken überhaupt kein privilegium exigendi, weder außerhalb des Konkurses noch im Konkurse, ein; es begnügt sich vielmehr damit, Bestimmungen über die Anlage des Grundkapitals der Gesellschaft und ähnliches zu treffen.

§ 7. c. Das Objekt des Vorrechtes.

I.

Das Spezialvorzugsrecht ist auf einen Teil der Konkursmasse, die sogen. Deckungsmasse, beschränkt. Nur diese dient den Obligationären zur bevorrechtigten Befriedigung; aber auch der Rest der

---

[34]) Dies war der einzige Konkurs einer Hypothekenbank nach 1. Januar 1900.

[35]) Unrichtigerweise wurden die Forderungen der „Realobligationäre" nicht in die Konkurstabelle aufgenommen. Daraus folgerte ein Berliner Rechtsanwalt, daß die Obligationäre nicht Konkursgläubiger seien, wurde aber mit dieser Anschauung durch Beschluß des Kammergerichts zurückgewiesen. — In der statistischen Zählkarte, in der die Schuldenmasse getrennt nach bevorrechtigten und nicht bevorrechtigten Konkursforderungen verzeichnet wird, hätte die Summe der Forderungen der Obligationäre wohl unter ersteren vorgetragen werden sollen.

[36]) § 2 d. Ges. v. 24. April 1874; vgl. dazu Koch in Behrends Zeitschr Bd. 8 S. 342 ff. — v. Stengel in den Annal. d. Deutsch. Reichs 1878 S. 884. — Pavlicek „Das Pfandbriefrecht" S. 63 ff. und die dort zitierten.

[37]) Ges. v. 19. Juni 1876 (Ges.-Bl. Nr. 354); dazu Pavlicek a. a. O. S. 42 ff.

[38]) Ges. v. 6. Juli 1860; dazu Hecht in Conrads Handwörterbuch der Staatswissenschaften Bd. IV (1900) S. 1257.

[39]) Ges. v. 25. März 1872; dazu Hecht „die Mündel"- und Stiftungsgelder in den deutschen Staaten" (1875) S 218. — v. Stengel a. a. O. S. 884. — Pavlicek a. a. O. S. 45.

[40]) Goldschmidts Zeitsch. f. das gesamte Handelsrecht Bd. 47 (1898) S. 872 ff.

Konkursmasse ist ihnen als Konkursgläubigern verhaftet.[1]) Die Deckungsmasse gehört nicht den Schuldverschreibungsgläubigern; sie steht vielmehr im Eigentum der Bank und dient zur gemeinschaftlichen — wenn auch nicht gleichmäßigen — Befriedigung aller Konkursgläubiger; ihr Wert wird den übrigen Gläubigern der Bank durch die Obligationäre nicht unter allen Umständen entzogen; erstere treten nur hinter die letzteren zurück. Daraus, daß die Deckungsmasse in erster Linie für die Obligationäre festgelegt ist, ergibt sich die Notwendigkeit ihrer besonderen Behandlung im Konkursverfahren. Ob man sie deshalb als „Sondermasse"[2]) bezeichnen will oder nicht, ist gleichgültig. Jedenfalls aber darf man nicht übersehen, daß es sich nicht um eine Masse neben der Konkursmasse, sondern um einen Teil der letzteren handelt.

Aus dem Charakter der Deckungsmasse als Teil der Konkursmasse folgt, daß die Vorschriften, die für die Bestandteile der Konkursmasse gelten, auf die Deckungsmasse unmittelbar Anwendung finden. Insbesondere kommen nur diejenigen Gegenstände als Bestandteile der Deckungsmasse im Betracht, die im Zeitpunkt der Konkurseröffnung zum Vermögen der Bank gehören (§ 1 K.O.). Hypothekenforderungen, Grundschulden und Wertpapiere, die zwar in das Hypotheken- bezw. Wertpapierregister eingetragen, aber aus dem Vermögen der Gemeinschuldnerin bereits vor der Konkurseröffnung ausgeschieden waren, unterliegen darum dem Vorrechte der Obligationäre nicht. Gültige Absonderungsrechte entziehen der Deckungsmasse die Höhe ihres Wertes. Nutzungen der Deckungsmasse, die erst nach Konkurseröffnung fällig werden, teilen das Schicksal des Stammvermögens.[3]) Dadurch kann sich — insbesondere durch Eingang von Hypothekenzinsen[4]) — während des Konkurses eine erhebliche Vergrößerung der Deckungsmasse ergeben. Eine Verminderung derselben durch Erwerb von Rechten während des Konkurses ist insbesondere in den Ausnahme-

---

[1]) Also liegt keine reine Sachhaftung vor; L. Seuffert, Deutsches Konkursprozeßrecht (1899) S. 42.

[2]) Über diese Bezeichnung vgl. Frankl „zur Revision des Österreichischen Konkursrechts" S. 69 Anm. 226 gegen Pavlicek a. a. O. S. 64ff.

[3]) Jaeger § 1 Anm. 58. Über die mithaftenden Akzessorien der Deckungshypotheken: §§ 1120ff. B.GB.

[4]) Bodo Lehmann a. a. O. S. 72 erwähnt diese „Einnahme der Konkursmasse", allerdings ohne hervorzuheben, daß sie dem besonderen Teil der Konkursmasse, der Deckungsmasse, zufließt.

fällen der §§ 7 I Abs. 2, 15 Satz 2 K.O. denkbar.[5]) Unterliegt die Veräußerung eines Vermögensstückes, das zur Deckungsmasse gehörte, der Gläubigeranfechtung (§§ 29ff.), so muß nach § 37 die Konkursmasse in den Zustand zurückversetzt werden, in dem sie sich ohne Dazwischentreten des angefochtenen Aktes befinden würde.[6]) Eine Rückgewähr in diesem Sinne hat zur Folge, daß der der Deckungsmasse entzogene Wert wiederum Bestandteil der Deckungsmasse wird; damit steht nicht in Widerspruch, daß der Konkursverwalter die Gläubigeranfechtung in Vertretung der gesamten Konkursgläubigerschaft ausübt.[7]) Auch unter dem Gesichtspunkte dinglicher Wirksamkeit der Gläubigeranfechtung gelangt man zu diesem Schlusse. Die Deckungsmasse wird schließlich auch nicht dadurch vermehrt, daß Regreßansprüche gegen die Gründer[8]) oder Deliktsansprüche gegen den Treuhänder oder gegen die Schätzer der Bank[9]) bestehen.

Der Umfang der Deckungsmasse ist durch die zwingende Vorschrift des § 35 H.B.G. begrenzt. Eine Ausdehnung durch Statut der Bank ist nicht zulässig; darum werden der in § 7 H.B.G. erwähnte Pfandbrieftilgungsfond[10]) und sonstige spezielle oder allgemeine Reservefonds[11]) von dem Vorrechte der Obligationäre nicht ergriffen.

II.

Sechs verschiedene[12]) Deckungsmassen sind zu unterscheiden. Was oben auf S. 13 hinsichtlich der verschiedenen Arten der Obligationäre gesagt ist, gilt auch hier: eine Pfandbriefdeckungsmasse besteht bei jeder Hypothekenbank; die anderen Arten hingegen können vorkommen, eine Notwendigkeit hierfür liegt aber nicht vor.

---

[5]) Insbesondere nach § 1154 III B.G.B., solange die Konkurseröffnung in dem Grundbuche noch nicht vermerkt ist (§ 113 K.O.).

[6]) Jaeger § 37 Anm. 10 mit Lit.

[7]) Der Konkursverwalter kann die Ausübung des Anfechtungsrechtes ebenso wenig wie einzelnen Gläubigern dem Vertreter einer Gläubigerkatagorie, z. B. dem auf Grund des Schuldverschreibungsgesetzes bestellten Vertreter der Obligationäre überlassen; vgl. Jaeger § 29 Anm. 29.

[8]) §§ 202, 208, 186, 187, 820 III, 821 II H.G.B.

[9]) Denkbar sind solche Forderungen auf Grund der allg. zivilrechtlichen Vorschriften (§§ 823ff. B.G.B.; vgl. auch § 36 H.B.G.)

[10]) Dieser ist in Deutschland nicht gesetzlich vorgeschrieben (vgl. Simon „Die Bilanz der Aktiengesellschaften“ S. 200; Rehm S. 487). Anders in Ungarn nach § 4 des Gesetzes vom 19. Juni 1876.

[11]) Gesetzlich notwendig nach § 262 H.G.B.

[12]) Vgl. auch die zutreffenden Ausführungen Göpperts S. 85.

Die einzelnen Deckungsmassen sind folgende:

1. Die Pfandbriefdeckungsmasse (§ 35 H.B.G.) dieselbe besteht aus:
   a) den in das Hypothekenregister eingetragenen Hypothekenforderungen und Grundschulden;
   b) den in das Hypothekenregister eingetragenen Wertpapieren;
   c) dem Gelde, das dem Treuhänder zur Deckung der Hypothekenpfandbriefe in Verwahrung gegeben ist.

Sämtliche Hypotheken und Grundschulden, die in das Hypothekenregister eingetragen sind, gehören zur Deckungsmasse. Unter Hypothek versteht man das akzessorische Recht zur Beitreibung einer Geldsumme aus einem Grundstücke (§ 1113 B.G.B.) oder einem grundstücksgleichen Rechte;[13]) bei der Grundschuld, die hier der Hypothek gleichgestellt ist[14]) (§ 40 H.B.G.), fehlt das Begriffsmerkmal der Abhängigkeit von einer Forderung (§ 1189 B.G.B.). Eine Art von Grundschuld ist die Rentenschuld. Dieselbe kommt aber als Pfandbriefunterlage nicht in Betracht.[15]) Regelmäßig dienen Hypotheken und Grundschulden zur Deckung der Pfandbriefe; welcher Art das belastete Grundstück ist, ist zwar für die Frage der Zulassung als Deckung relevant; steht aber eine Hypothek- oder Grundschuld z. B. an einem Bauplatz,[16]) Bergwerk, an einem grundstücksgleichen, einen dauernden Ertrag nicht gewährenden Rechte usw. (§ 12 III H.B.G.) der Bank zu, und ist sie in das Hypothekenregister eingetragen, so erstreckt sich das Vorrecht auch auf diese Hypotheken bezw. Grundschulden. Ob dieselben von dem Eigentümer des belasteten Grundstücks selbst der Bank bestellt wurden oder ob die Bank sie erst aus dritter Hand erworben hat (§ 5 Ziff. 1 H.B.G.), begründet keinen Unterschied; ebensowenig spielt der Ansatzwert der Deckungs-

---

[13]) Grundstücksgleiche Rechte sind bezw. können sein: 1. das Erbbaurecht (1012 ff. B.G.B.); 2. das Erbpachtrecht (Art. 63 E.G.z.B.G.B.: dazu vgl. Hecht, Hypothekenbankrecht §. 1); 3. Schiffsmühlen- und Fuhrgerechtigkeiten (Art. 65 l. c.); 4. Realgewerberechte (Art. 74 l. c.): 5. Vererbliche und übertragbare Nutzungsrechte an Grundstücken (Art. 196 l. c.).

[14]) Hiergegen richteten sich de lege ferenda die Ausführungen Limans „Beurteilung des Entwurfes für ein Reichshypothekenbankgesetz“ S. 9 ff.

[15]) § 1199 B.G.B.

[16]) §§ 6, 10 ff. H.B.G.; vgl. Rehm a. a. O. S. 310 ff.; daselbst sind auch die einzelnen denkbaren Fälle aufgeführt, in denen Hypotheken in das Hypothekenregister eingetragen sind, die nicht ihrem vollen Betrage nach zur Deckung der Pfandbriefe sich eignen.

gegenstände eine Rolle;[17]) die Gegenstände als solche, nicht nur ein — „zur Deckung benutzbarer" — Teilwert derselben, sind mit dem Vorrecht belastet. Auch Eigentümerhypotheken und Eigentümergrundschulden können Bestandteile der Deckungsmasse sein; doch sollen die Hypothekenbanken nur zur Verhütung von Verlusten an Hypotheken oder Grundschulden und zur Beschaffung von Geschäftsräumen Grundstücke zu Eigentum erwerben.[18])

Ausnahmsweise sind zur Deckung der Pfandbriefe gewisse Wertpapiere und bares Geld zugelassen. An sich soll zwar der gesamte Betrag der im Umlauf befindlichen Hypothekenpfandbriefe in Höhe des Nennwertes jederzeit durch Hypotheken von mindestens gleicher Höhe und mindestens gleichem Zinsertrage gedeckt sein. Ist aber infolge der Rückzahlung von Hypotheken oder aus einem anderen Grunde die vorgeschriebene Deckung in Hypotheken nicht mehr vollständig vorhanden, und ist weder die Ergänzung durch andere Hypotheken, noch die Einziehung eines entsprechenden Betrages von Hypothekenpfandbriefen sofort ausführbar, so hat die Bank die fehlende Hypothekendeckung einstweilen durch Wertpapiere oder durch Geld zu ersetzen (§ 6^{IV} H.B.G.). Geeignet zur Deckung sind von den Wertpapieren nur die Schuldverschreibungen des Reichs oder eines Bundesstaates. Zu den Bundesstaaten im Sinne dieser Vorschrift zählt aber wohl auch, trotzdem eine ausdrückliche Bestimmung fehlt, Elsaß-Lothringen.[19]) Geld darf ferner auch im Falle der Rückzahlung einer Deckungshypothek oder Deckungsgrundschuld (§ 18, 31 Abs. II H.B.G.) zur Deckung verwendet werden.

Hypotheken, Grundschulden und Wertpapiere bilden nur dann einen Bestandteil der Deckungsmasse, wenn sie in das Hypothekenregister der Bank eingetragen sind. Die Eintragung in das Register entscheidet; sie obliegt den Organen der Bank (§ 22 H.B.G.) und muß im Zeitpunkte der Konkurseröffnung bereits betätigt sein und in diesem Momente noch fortbestehen; letzteres ist nicht der Fall, wenn die Eintragung im Register bereits gültig gelöscht ist. Auch die Löschung geht von den Organen der Bank aus; sie kann aber

---

[17]) Über die Verwendung der vor 1. Januar 1900 erworbenen Bauplatz- und Baugelderhypotheken zur Deckung vgl. § 49 H.B.G. und Staub „Gutachten" im Berliner Tageblatt (Nr. 102, Beiblatt) vom 25. Februar 1901.

[18]) §§ 5^{III}, 6^{III}, 40^{II} H.B.G.

[19]) So Rehm a. a. O. S. 779, der dies aus der „Staatsnatur" Elſ.-Lothr. schließt. Vgl. Art. 5 E.G.z.B.G.B.

rechtswirksam nur mit schriftlich erklärter Zustimmung des Treuhänders erfolgen.[20]) Wurde das Erfordernis der Schriftform nicht durch eigenhändige Unterzeichnung einer diesbezüglichen Erklärung (§ 126 B.G.B.) oder des Löschungsvermerks im Register (§ 30^IV^ H.B.G.) erfüllt, so war die Löschung von Anfang an nichtig;[21]) das bereits im Keim — außerhalb des Konkurses — vorhandene Vorrecht an den betreffenden Hypotheken, Grundschulden oder Wertpapieren ging darum überhaupt nicht unter und besteht nun im Konkurse fort,[22]) es sei denn, daß[23]) diese Objekte im Zeitpunkte der Konkurseröffnung nicht mehr der Gemeinschuldnerin gehören."[24])

Da die Eintragung der Hypotheken, Grundschulden und Wertpapiere in das Register sie als Bestandteile der Deckungsmasse kennzeichnet, ist für eine gesetzliche Präsumtion hinsichtlich der Zugehörigkeit zur Deckungsmasse nicht das geringste Bedürfnis gegeben. De lege lata aber besteht eine widerlegbare Rechtsvermutung dahin, daß die im Besitze der Hypothekenbank befindlichen Hypothekenforderungen „Deckungshypotheken", d. h. Pfandbriefunterlagen sind, zweifellos nicht; entgegen Rehm[25]) kann eine solche auch nicht in der Legaldefinition des Begriffes der Hypothekenbank (§ 1 H.B.G.) gefunden werden.

Geld muß, wenn es der vorzugsweisen Befriedigung der Pfandbriefgläubiger gewidmet sein soll, dem Treuhänder zur Deckung der Hypothekenpfandbriefe in Verwahrung gegeben sein. Die Übergabe an den Treuhänder ohne nähere Zweckbestimmung würde, wenn neben den Pfandbriefen Kommunalobligationen usw. ausgegeben sind, leicht einen Streit darüber hervorrufen, welchen Gläubigern das Geld vorzugsweise haftet. Voraussetzung des Vorrechts am Gelde ist, daß es sich noch in Verwahrung des Treuhänders befindet; denn mit dem Ende der Verwahrung hört auch die rechtliche Gebundenheit zu Gunsten der Obligationäre auf. Hingegen ist für die Frage des Umfangs der Deckungsmasse belanglos, ob der Treuhänder im Zeitpunkte der Konkurseröffnung die über die Deckungshypotheken und Grundschulden ausgestellten Urkunden in Verwahrung hat. Bedeutung besitzt, wie oben dargelegt wurde, einzig und allein die Eintragung

---

[20]) § 30^IV^ H.B.G.

[21]) § 125 B.G.B.

[22]) Göppert § 30 Anm. 4 (S. 59).

[23]) Hillig § 30 Anm. 11 (S. 81 ff.); Seidel in Holdheims Monatsschrift, XI S. 179.

[24]) § 48 K.O.; vgl. dazu insbesondere Jaeger § 48 Anm. 8.

in das Register; darum schadet es nicht, wenn der Treuhänder vor der Konkurseröffnung derartige Urkunden herausgegeben hat, z. B. auf Grund des § 31 Abs. III H.B.G. oder auch gegen seine Pflicht.[26])

2. Die zweite Art der Deckungsmasse ist die für die Kommunalobligationen bestimmte (§ 41 mit § 35 H.B.G.). Sie setzt sich zusammen:

a) aus den in ein besonderes Register eingetragenen (§ 41, 22 H.B.G.) Forderungen aus Darlehen, welche die Bank an inländische Körperschaften des öffentlichen Rechts oder an andere Personen gegen Übernahme der Gewährleistung durch eine solche Körperschaft gewährt hat;

b) c) } aus den nämlichen Bestandteilen wie oben sub b und c.

3. Die 3., 4. und 5. Art der Deckungsmasse dient der Verwirklichung der den Kleinbahnobligationären zustehenden Vorrechte.

Die 3. Art wird gebildet:

a) aus den in ein besonderes Register eingetragenen Forderungen aus Darlehen, welche die Bank an Kleinbahnunternehmungen gegen Verpfändung der Bahn gewährt hat;

b) c) } aus den oben sub b und c aufgeführten Bestandteilen.

4. Zur vierten Deckungsmasse gehören:

a) die Forderungen aus den Darlehen, welche die Bank den Kleinbahnunternehmungen gegen Übernahme der Gewährleistung durch eine inländische Körperschaft des öffentlichen Rechts gewährt hat;

b) c) } wie oben.

5. Schließlich kommt noch eine weitere Deckungsmasse zu gunsten der Kleinbahnobligationäre nach § 42 Abs. II H.B.G. in Betracht. Wenn nämlich die Bank auf Grund der Forderungen aus Darlehen den Kleinbahnunternehmungen gegen Verpfändung der Bahn und auf Grund der Forderungen aus Darlehen an Kleinbahnunternehmungen gegen Übernahme der Gewährleistung durch inländische Körperschaften des öffentlichen Rechts satzungsgemäß Schuldverschreibungen ein und derselben Art ausgegeben hat, denen beide

[25]) Rehm a. a. O. S. 811.

[26]) L. Seuffert in Buschs Zeitschr. f. Ziv.-Prozeß Bd. 27 S. 107.

Arten von Forderungen zur Deckung dienen sollen, so setzt sich die Deckungsmasse

a) aus den beiderlei — in diesem Falle in ein gemeinschaftliches Register eingetragenen — Forderungen;

b) } aus den oben genannten Bestandteilen
c) }

zusammen.

6. An letzter Stelle ist die Deckungsmasse für die Rentenbriefgläubiger zu erwähnen (§ 52 H.B.G.). Bestandteile derselben sind:

a) die Rentenforderungen der Bank, die vor dem 1. Januar 1899 als Reallasten in das Grundbuch eingetragen wurden;

b) } wie oben.
c) }

Was im einzelnen über die Pfandbriefdeckung ausgeführt wurde, hat auch hinsichtlich der anderen Massen entsprechend zu gelten.

§ 8. d. Die subjektive Begrenzung des Vorrechtes.

I.

Subjekt des Vorrechtes sind die Obligationäre der Bank; diesen wird die Gemeinschuldnerin selbst insoferne gleichgestellt, als das Vorrecht auch zugunsten ihrer eigenen, ihrem Bestande an Wertpapieren zugeschriebenen Schuldverschreibungen besteht.

Wer Obligationär ist, bestimmt sich aus der Schuldverschreibung selbst nach den allgemeinen Regeln des Bürgerlichen Rechts (vgl. oben § 4 IV, 4.). Nach den gleichen Grundsätzen ist die Art der Legitimation des Schuldverschreibungsgläubigers oder seines Vertreters festzustellen.[1] Obligationär kann jeder sein, der überhaupt als Träger von Vermögensrechten in Betracht kommt. Auch ein Aktionär der Hypotheken-Aktienbank[2]) oder ein Kommanditist oder Komplementar

[1]) Z. B. Wer zur Geltendmachung der Rechte berufen ist, die den Berufsgenossenschaften und Privatversicherungsgesellschaften aus den zur Anlage ihres Vermögensbestandes bezw. des Prämien-Reservefonds verwendeten Schuldverschreibungen (Lehmann a. a. O. S. 104) zustehen oder z. B. wer die Rechte aus den als (Heirats-)Kaution für Offiziere hinterlegten Schuldverschreibungen (Salings Börsenpapiere Bd. 2 S. 480) wahrzunehmen hat.

[2]) Jaeger §§ 207 ff. Anm. 12.

der Hypothekenbank-Kommanditgesellschaft auf Aktien kann zu den Schuldverschreibungsgläubigern der Bank zählen, nicht aber die Hypothekenbank selbst; wie ihre Rechte an den „eigenen Schuldverschreibungen“ aufzufassen sind, wird unten sub III ausgeführt werden.

Eine bevorrechtigte Konkursforderung steht auch dem Ausländer zu, der Obligationär der Hypothekenbank ist; denn solange nicht Retorsionsmaßregeln im Sinne des § 5 Abs. II K.O. angeordnet sind — zur Zeit bestehen solche nicht,[3]) — steht der ausländische Gläubiger dem inländischen gleich.

Nur diejenigen Obligationäre sind bevorrechtigte Konkursgläubiger, die eine zur Zeit der Konkurseröffnung begründete Schuldverschreibungsforderung haben. Als solche stellt sich auch das Recht aus einer bereits vor Konkurseröffnung aufgerufenen,[4]) ausgelosten, gekündigten oder sonstwie fällig gewordenen, aber noch nicht eingelösten Obligation dar. Ob die Einlösungsfrist bereits abgelaufen ist oder nicht, ist gleichgültig; denn auch in dem ersteren Falle sind die betreffenden Schuldverschreibungen als noch „im Umlauf befindlich“ anzusehen; darum ist für sie die Realsicherheit gemäß §§ 6 Abs. I und 35 H.B.G. begründet. Der Bestand an aufgerufenen, aber nicht eingelösten Pfandbriefen ist häufig ein sehr großer;[5]) daraus entstehen leicht Schwierigkeiten für die Bank. Ihnen zu begegnen, wurde in der Kommission zur Beratung des Gesetzentwurfes von 1898 von einer Seite angeregt, in solchen Fällen kraft Gesetzes nur „Buchforderungen“ zu gewähren; ein formeller Antrag wurde nicht gestellt, da von anderen Seiten, insbesondere auch von den Regierungsvertretern, entgegengehalten wurde, die Schwierigkeiten, welche den Banken entstehen könnten, seien nicht so erheblich, daß eine Ausnahmebestimmung hinsichtlich der gekündigten Pfandbriefe geboten sei; auch müsse man Bedenken tragen, die Realsicherheit der Pfandbriefe von der Kündigung an zu beseitigen, zumal die unterlassene Vorlegung fast in allen Fällen auf der Unkenntnis des Berechtigten von der erfolgten Kündigung beruhe.[6]) Ist jedoch bei der Fälligkeit der Ob-

---

[3]) Jaeger § 5 Anm. 5; L. Seuffert, Konkursprozeßrecht, S. 59.

[4]) Von den „aufgerufenen“ Wertpapieren wird in sehr verschiedenem Sinn gesprochen; vgl. zu diesem Begriffe die Abhandlung von Salomon und Dr. Brock im Bankarchiv Bd. 2 S. 69 ff.

[5]) Seligsohn „Verzinsung aufgerufener Obligationen“ in Goldschmidts Zeitschr. f. H.R. Bd. 36 S. 53.

[6]) Kommissionsbericht S. 9 ff.

ligationsforderung bereits die Verjährungsfrist[7]) verstrichen, dann kann der Forderung die Einrede der Verjährung entgegengehalten werden.[8]) Hier scheidet die Konkursgläubigerschaft und damit auch der Anspruch auf bevorrechtigte Befriedigung aus.

Der Eigentümer eines für kraftlos erklärten Pfandbriefes usw. kann überhaupt kein Recht aus dem Papiere ableiten; er ist nicht Obligationär. Die Tatsache, daß er sich vielleicht an die Hypothekenbank[9]) unter dem Gesichtspunkte der Mängelhaftung (§ 473 Abs. II B.G.B.) halten kann, kommt hier nicht in Betracht. Eine nach § 1019 C.P.O. erlassene Zahlungssperre verliert ihre Wirksamkeit im Konkurse nicht; auch kann noch während des Konkurses ein Aufgebotsverfahren zum Zwecke der Kraftloserklärung einer Hypothekenbankobligation eingeleitet werden. Eine Möglichkeit, unbekannte Schuldverschreibungsgläubiger im Wege des Aufgebots auszuschließen, besteht nicht, obwohl vielleicht — wie sich aus dem oben (bei Anm. 5) Gesagten ergibt — ein dringendes Bedürfnis dafür vorhanden wäre. Denn infolge der Anmeldung durch den Vertreter der Obligationäre[10]) wird regelmäßig eine Reihe von Forderungen festgestellt werden, denen Gläubiger nicht gegenüberstehen; eine Verteilung der auf die festgestellten Forderungen fallenden, nicht abgehobenen Beträge unter die übrigen Gläubiger kommt aber nur im Wege der Nachtragsverteilung nach § 166 K.O. in Frage.[11])

Das Vorzugsrecht gilt auch für Obligationäre, deren Obligationen schon vor dem Inkrafttreten des Hypothekenbankgesetzes (d. h. hier vor der Erstattung der Anzeige an die Aufsichtsbehörde, daß die erforderlichen Register angelegt sind) ausgegeben wurden; dies ergibt sich arg. § 53 Abs. II H.B.G.[12])

---

[7]) 80 Jahre, wenn dieselbe nicht verlängert ist; Verlängerung ist teilweise üblich: s. z. B. bei der „Deutschen Grundkreditbank“ auf 81 Jahre 6 Wochen 3 Tage; vgl. Salings Börsenpapiere Bd. 2 S. 460.

[8]) Kohler, Leitfaden S. 185 Anm. 3; Jaeger § 3 Anm. 9; vgl. übrigens Langheinecken, Anspruch und Einrede (1903) S. 183 ff.

[9]) Übrigens wird dieser Fall kaum vorkommen.

[10]) Siehe unten § 9.

[11]) Deshalb mußte in dem Konkurs der Grundschuldbank der Antrag eines Pfandbriefgläubigers:

> „es wolle vor der Schlußverteilung ein öffentliches Aufgebot behufs Ausschlusses der nicht zur Präsentation gelangenden Obligationsforderungen erlassen werden“

abgelehnt werden.

[12]) Vgl. R.G. Bd. 17 S. 41.

Ob die Zahl der ausgegebenen Obligationen sich im Rahmen des § 46 H.B.G. hält, und ob die Schuldverschreibung die nach § 30 Abs. III l. c. erforderliche Bescheinigung des Treuhänders trägt, ist für die Frage der Vorrechtserstreckung nicht von Belang.[13])

Im Falle eines gültigen Verzichts auf das Vorrecht kann dasselbe nicht in Anspruch genommen werden.

Fälligkeit der Obligationen bei oder vor der Eröffnung des Konkurses ist nicht erforderlich. Gemäß § 65 K.O. gelten auch die nach den Emmissionsbedingungen noch nicht fälligen Obligationen gegenüber der Gemeinschuldnerin als fällig. Da die Obligationäre nicht Absonderungsberechtigte, sondern bevorrechtigte Konkursgläubiger sind, ist die Fälligkeit nicht auf etwaige Ausfallforderungen (in der Höhe des Ausfalls hinsichtlich der Deckungsmasse) beschränkt.[14]) Infolge der Fälligkeit ist jede weitere Auslosung zwecklos; deshalb kommen Auslosungen von Obligationen nach Eintritt des Konkurses nicht mehr in Betracht.[15])

II.

Die Deckungsmasse dient den Obligationären zur bevorrechtigten Befriedigung nur für diejenigen Forderungen, die aus der Stellung als Obligationäre erwachsen. Hierzu können die Schadenersatzansprüche des Inhabers einer ohne staatliche Genehmigung ausgegebenen und daher nichtigen Inhaberschuldverschreibung nicht gerechnet werden; denn diese Ansprüche werden nicht aus der Schuldverschreibung,[16]) sondern aus dem Tatbestande der unberechtigten Ausgabe hergeleitet.[17])

Die Forderung aus der Obligation ist vor allem auf die Zahlung einer Geldsumme, des Obligationskapitals gerichtet. Der Nennwert des Papiers ist entscheidend. Wenn die Gemeinschuldnerin vor dem 1. Januar 1900 Prämienpfandbriefe ausgegeben hat,[18]) ist

[13]) Vgl. Hillig § 30 Anm. 9; abw. hiervon wollte der E. 1879 die Erstreckung des Faustpfandrechts von der Bescheinigung des Pfandhalters abhängig machen.

[14]) Vgl. L. Seuffert, Konkursprozeßrecht S. 47 ff.; derselbe in Buschs Zeitschrift Bd. 27 S. 105.

[15]) R.G. Schultze I No. 467; vgl. dazu Kuhlenbeck in Jur. Woch. 1899 S. 218.

[16]) Diese ist ja nichtig!

[17]) § 795 Abs. III B.G.B.

[18]) § 9 H.B.G.; vgl. oben S. 20; die „Deutsche Grundkreditbank“ hat beispielsweise Prämienpfandbriefe ausgegeben.

auch der Zuschlag (d. h. der versprochene, den Nennwert der Schuldverschreibung übersteigende Betrag) durch die Deckung gesichert.

Weiter haftet die Deckungsmasse für die rückständigen Zinsen, soweit dieselben vor der Konkurseröffnung fällig geworden sind. Hierher gehören außer den in der Obligation versprochenen und in den Zinsscheinen verselbständigten (§ 803 B.G.B.) Zinsen, die Depositalzinsen — vom Zeitpunkt der Fälligkeit der obligationsmäßig geschuldeten Geldsumme bis zur verspäteten Einlösung der Schulverschreibung —, zu deren Zahlung sich die Bank verpflichtet hat oder kraft Gesetzes um deswillen verpflichtet ist, weil die Einlösung dadurch verzögert wurde, daß die Bank die von ihr vertragsmäßig übernommene Kontrolle über die Auslosung nicht besorgt hat. Seit Konkurseröffnung laufende Zinsen können nicht als Konkursforderungen und darum auch nicht zum Zwecke der bevorrechtigten Befriedigung geltend gemacht werden[19]) (§ 63 Ziff. 1 K.O., abw. Merzbacher § 35 Anm. 1 (S. 94). Daß die Akzessorität der Zinsforderung durch § 803 B.G.B. nicht völlig weggefallen ist,[20]) zeigt sich demnach auch hier.

Ebensowenig wie die seit Konkurseröffnung laufenden Zinsen können die Kosten, die den Obligationären durch ihre Teilnahme am Konkurse entstehen, im Konkurse geltend gemacht werden (§ 63 Ziff. 2 K.O.). Ausgenommen sind die Kosten einer Versammlung der Obligationäre, die nach den Vorschriften des Schuldverschreibungsgesetzes während des Konkurses berufen wird; diese fallen als eigenartige Massekosten derjenigen Deckungsmasse, um die es sich handelt, zur Last.[21]) In Wahrheit stellt der vorstehende Satz keine Ausnahme zu § 63 Ziff. 2 K.O. dar; denn diejenigen Kosten, welche dem einzelnen Gläubiger durch die Abhaltung einer Versammlung der Obligationäre erwachsen, werden aus der Deckungsmasse nicht ersetzt. Mit Recht wurde darum im Konkurse der Grundschuldbank einem seine Reisekosten usw. liquidierenden Schuldverschreibungsgläubiger der Ersatz der Auslagen verweigert.

Dagegen kann der Obligationär die Kosten, die ihm vor der

---

[19]) An einer Abneigung, die Stundung der Zinsen zu bewilligen, sollte daher der Versuch, den Konkurs abzuwenden, nicht scheitern. Vgl. auch § 11 des Schuldverschreibungsgesetzes.

[20]) Simon in Holdheims Monatsschrift, Bd. 11 S. 280ff. gegen Jacobi „Die Wertpapiere" S. 278, Könige, Schuldverschreibungsgesetz S. 9.

[21]) §§ 35 Abs. IV H.B.G., 58 K.O. — Über andere „Massekosten einer Sondermasse" vgl. unten § 10 Anm. 15a.

Eröffnung des Konkursverfahrens durch die Geltendmachung seiner Rechte verursacht wurden, als Konkursforderung geltend machen; das Vorrecht erstreckt sich auch auf sie. Und zwar werden sie, ebenso wie die beanspruchbaren Zinsen, mit der Kapitalforderung an derselben Stelle in Ansatz gebracht (§ 62, nicht § 48 K.O.; abw. Merzbacher).

III.

Die Gemeinschuldnerin selbst ist den Obligationären nach § 35III H.B.G. insofern gleichgestellt, als das Vorrecht auch zugunsten ihrer **eigenen, ihrem Bestande an Wertpapieren zugeschriebenen**, zur Konkursmasse gehörigen **Schuldverschreibungen** besteht.

1. Von „eigenen Schuldverschreibungen“[22]) spricht man dann, wenn die Bank derartige Beziehungen zu den von ihr ausgestellten Schuldverschreibungen hat, daß für einen Dritten, der in dem nämlichen Verhältnisse zu einer Schuldverschreibung der Bank stünde, die Möglichkeit gegeben wäre, das obligationsmäßig eingeräumte Recht geltend zu machen. Welcherlei Beziehungen dies sein müssen, wurde oben S. 21 ausgeführt. Regelmäßig wird die Innehabung der Obligationsurkunde durch die Hypothekenbank genügen (§ 793 B.G.B.); doch ist dies nicht immer der Fall. Jedenfalls ist es also ungenau als „eigene Schuldverschreibungen“ die im „Besitze“[23]) der Bank befindlichen Bankobligationen zu bezeichnen. Auch darf man in den Begriff der eigenen Schuldverschreibung nicht das Erfordernis aufnehmen, daß die betreffende Schuldverschreibung schon seitens der Bank ausgegeben war; denn als eigene Schuldverschreibungen kommen auch seitens der Bank ausgestellte, aber noch nicht in den Verkehr gebrachte Obligationen in Betracht. (Vgl. unten S. 57.)

Bei den meisten Schriftstellern, die zu dem schwierigen Kapitel der eigenen Schuldverschreibungen Stellung nehmen,[24]) findet sich lediglich eine Berücksichtigung der Schuldverschreibungen auf den Inhaber. Warum aber nicht auch blankozessierte oder blankoindossierte oder auf den Namen lautende Schuldverschreibungen eventuell den eigenen Schuldverschreibungen zugerechnet werden können, ist nicht

---

[22]) Ein Analogon zu dieser Bezeichnung sind die „eigenen Banknoten“.

[23]) Dies ist die übliche Ausdrucksweise vgl. z. B. die vom preuß. Landwirtschafts-Minister im Einverständnis mit dem Reichsjustizamt erlassene Verfügung an die Aufsichtsbehörden, abgedruckt im Berliner Tageblatt vom 14. Januar 1901.

[24]) Vor allem geschieht es zur Entscheidung der Frage, ob und evtl. wie die eigenen Pfandbriefe in die Bilanz einzustellen sind. Vgl. neuerdings insbesondere die Ausführungen Hecht's in seinem „Hypothekenrecht“ § 9.

ersichtlich. Die äußere Form ist in solchen Fällen allerdings frappierend; wäre sie aber unmöglich, so wären die Hypothekenbanken, die nur Namenspapiere ausgeben, überhaupt nicht in der Lage, von der Befugnis des § 5^{II} H.B.G. Gebrauch zu machen.

Ebensowenig ist die Möglichkeit des Vorkommens eigener Schuldverschreibungen auf eigene Pfandbriefe begrenzt. (Vgl. den Wortlaut des § 5^{II} H.B.G.). Die Nichtzitierung des § 14 in den §§ 41 und 42 H.B.G. bedeutet nicht, daß die Rückzahlung eines Darlehens in den Schuldverschreibungen, in denen dasselbe gewährt wurde, nicht vereinbart werden kann. Vielmehr ist durch die Nicht-Erwähnung des § 14 lediglich zum Ausdruck gebracht, daß die in diesem Paragraphen enthaltene gesetzliche Beschränkung der Darlehensgewährung in Obligationen für die Gewährung von Darlehen in Kommunal- und Kleinbahnobligationen, an deren größere Sicherheit der Gesetzgeber glaubte,[25]) nicht in Betracht zu kommen hat.[26]) Zweifellos sind demnach (vgl. auch die Aufzählung unten sub 2) nicht nur Pfandbriefe als eigene Schuldverschreibungen in den Händen der Bank denkbar. Gleichwohl wird vielfach nur von eigenen Pfandbriefen, die allerdings den Hauptfall bilden, gesprochen.

2. „Eigene Schuldverschreibungen" können der Hypothekenbank im allgemeinen auf Grund folgender Verhältnisse zustehen:

a) die Bank hat Obligationen ausgestellt, dieselben sind auch bereits seitens des Treuhänders mit der Bescheinigung über das Vorhandensein der vorschriftsmäßigen Deckung und über die Eintragung in das Hypothekenregister versehen und erfüllen alle im Bankstatut für ihre Gültigkeit vorgeschriebenen Erfordernisse; sie sind aber noch nicht an Dritte begeben[27]).

Hierunter fallen auch die seitens der Bank in das sogen. Konsignationsdepot überlassenen nnd in diesem noch befindlichen Schuldverschreibungen, d. h. diejenigen, welche von der Hypothekenbank an einen Banquier „in Konsignation" gesandt wurden, also mit der Ermächtigung, der gesondert zu ver-

---

[25]) Begr. I sub 18.

[26]) Vgl. Hillig § 41 Anm. 8 (S. 108).

[27]) Vgl. Dernburg a. a. O. Bd. 2 § 147 II. — Crome, System des deutsch. Bürg. Rechts, Bd. 2 (1902) S. 93[4]. — Immerwahr, a. a. O. S. 270; die oben in Anm. 28 zitierte Verfügung des preuß. Landwirtschaftsministers; abw. dagegen Simon „Die Bilanzen der Aktiengesellschaften und Kommanditgesellschaften auf Aktien" (3. Aufl.) S. 201 Anm. 157; Rehm a. a. O. S. 829 Anm. 4.

währenden Sendung jederzeit Stücke zum Verkaufe zu entnehmen, aber unter der Verpflichtung, den Erlös unterscheidbar aufzubewahren oder alsbald abzuliefern.[28])

Ob die hier bezeichneten „eigenen Schuldverschreibungen" als „im Umlauf befindlich" im Sinne des Gesetzes anzusehen sind, ist nicht unbestritten[29]).

b) Die Bank hat Schuldverschreibungen selbst oder durch Verkaufsstellen bereits in den Verkehr gebracht, einen Teil derselben aber wieder aus dem Verkehr genommen.

Der Grund hierfür kann ein verschiedener sein:

α) entweder wollte die Bank verfügbare Gelder in den eingezogenen Schuldverschreibungen anlegen (§ 5 H.B.G.), oder sie wollte sie

β) zur statutenmäßigen Dotierung von Reserve- oder Pensionsfonds verwenden,

γ) oder sie wollte durch die Einziehung von Schuldverschreibungen den Pfandbriefumlauf vermindern; hat die Bank Obligationen in der Absicht aus dem Verkehr genommen, sie zu kassieren, so bleiben die Schuldverschreibungen doch gültig, so lange die Entwertung noch nicht erfolgt ist;[30])

δ) in der Mehrzahl der Fälle aber wird es sich um die sogenannte Aufnahme von Obligationen zur Aufrechterhaltung des Kurses handeln.

---

[28]) Jaeger 2. Aufl. § 48 Anm. 27.

[29]) Für die Verneinung der Frage, spricht sich insbesondere die oben, Anm. 28, zitierte Ministerialverfügung aus. Zur Begründung wird daselbst angeführt, daß noch nicht begebene Schuldverschreibungen nicht zu den „im Umlauf befindlichen" gerechnet werden können. Das Gegenteil müßte auch bei der Bilanzfeststellung zu Schwierigkeiten führen; denn als Bilanzwert komme in diesem Falle nur der Herstellungspreis in Betracht (§ 261 Ziff. 1 H.G.B.). — Die entgegengesetzte, auch heute noch in der Praxis vielfach herrschende Lehre erachtet die „Begebung" nicht erst mit der Begebung an dritte für gegeben, sondern findet sie bei den gemischten Banken schon in der Hinausgabe der ausgestellten Obligation von der Hypothekenabteilung an die Bankabteilung. Wie aber bei Namenpapieren?

[30]) Abw. will Tobias (in Holdheims Monatsschrift Bd. 10 S. 74) die Entwertung der Obligationen bereits in der **Einziehung** mit der **Absicht**, sie zu kassieren, erblicken. Wohl aber kann der Entwertung unter Umständen die Uebergabe seitens der kaufmännischen Abteilung an die Hypothekenabteilung derselben Bank gleichgeachtet werden. Hier entfällt übrigens das unten sub 4 beschriebene Erfordernis.

Im Gegensatze zum Erwerbe eigener Aktien ist den Hypothekenbanken der Erwerb eigener Schuldverschreibungen gestattet (§ 5 H.B.G. gegen § 226 H.G.B.)

c) Schließlich kann die Hypothekenbank eigene Schuldverschreibungen auch dadurch erwerben, daß sie Darlehen — nicht in Geld, sondern — in ihren Schuldverschreibungen gewährt hat. In diesem Falle wird nämlich dem Schuldner urkundlich das Recht eingeräumt,[31]) die Rückzahlung des Darlehens nach seiner Wahl in Geld oder in Schuldverschreibungen der Bank, die derselben Gattung angehören, wie die empfangenen, nach dem Nennwerte zu bewirken.

3. Die Hypothekenbank kann aus eigenen Schuldverschreibungen Gläubigerrechte nicht ableiten; denn sie kann nicht selbst Schuldnerin und Gläubigerin in einer Person sein. Solange sich eine Schuldverschreibung in den Händen des Ausstellers befindet, ruht, weil nun ein Gläubiger nicht vorhanden ist, das Obligationsverhältnis;[32]) eine wirksame Forderung besteht während dieser Zeit nicht,[33]) aber andererseits ist die Obligation auch nicht völlig erloschen (abw. Fuld a. a. O. S. 369); ein Erlöschen durch confusio tritt bei derartigen Wertpapieren um deswillen nicht ein, weil die Möglichkeit besteht, durch Begebung des Papiers dasselbe jederzeit völlig zu reaktivieren. Bei Inhaberschuldverschreibungen vollends kann die Wirkung auch durch unfreiwilliges Abhandenkommen der Urkunde vor der Ausgabe hervorgerufen werden (§ 794 B.G.B.). Der Grund für das Nichterlöschen der eigenen Schuldverschreibungen ist also bereits in allgemeinen Erwägungen — zum großen Teil auch in der nun zum Gesetze erhobenen Kreationstheorie[34]) — sohin nicht erst darin zu suchen, daß die Schuldverschreibungen der Hypothekenbanken mit

---

[31]) Bei Hypotheken-Pfandbriefen ist dies nach dem Gesetze notwendig: § 14 II H.B.G.

[32]) Vgl. insbesondere R.G. Bd. 18 S. 8 ff.; Ihering „Passive Wirkung der Rechte“ in seinen Jahrbüchern für Dogmatik, Bd. 10 S. 454 ff.

[33]) Rehm (a. a. O. S. 330) nimmt wohl dasselbe an, wenn er auch von „noch existenten Forderungsrechten“ spricht.

[34]) Kuntze, „Lehre von den Inhaberpapieren“ § 53. — Stobbe, Deutsches Privatrecht, III S. 210. — Siegel, „Versprechen als Verpflichtungsgrund“ S. 124, Windscheid § 304 Anm. 11. — Förster-Eccius, Preußisches Privatrecht, I § 64; ferner insbes. Motive zum B.G.B. Bd. 2 S. 695. — Dernburg a. a. O. Bd. 2 § 147 II (S. 886); Oertmann, Vorbemerkung zum 22. Titel 4d. — Immerwahr a. a. O. S. 269.

einer Realsicherheit ausgestattet sind.[35]) Ein Erlöschen der Obligation tritt auch dann nicht ein, wenn die Bank das Papier in der Absicht erworben hat, es einzuziehen; nicht schon der Erwerb selbst tilgt die Obligation, sondern erst die Entwertung der Urkunde (vgl. oben sub 2b. γ).

Die weitere Frage ist nun die, ob solche „ruhende" oder „gebundene" Obligationen, wie sie Ihering[36]) nennt, ein Vermögensobjekt bilden. Hierüber besteht im Lager der Bilanzschriftsteller Streit. An dieser Stelle muß deshalb zu der Frage Stellung genommen werden, weil eigene Schuldverschreibungen nur dann Bestandteile der Konkursmasse sind, wenn sie sich als pfändbares, zur Zeit der Konkurseröffnung der Bank gehöriges Vermögen darstellen.

U. E. haben jene Recht, die die eigenen Schuldverschreibungen als Vermögensstücke betrachten; denn — wie Rehm a. a. O. S. 329, 334 zutreffend ausführt — stellen sie einen möglicherweise sogar wertvollen Sachbesitz dar; Vermögen im Sinne des § 1 der K.O. sind sie sicher dann, wenn ihnen — wie im vorliegenden Falle — kraft positiver Rechtsnorm (§ 35^{III} H.B.G.) ein besonderer Wert beigelegt ist.[37])

4. Vom Konkurs erfaßbares Vermögen sind aber nur solche eigene Schuldverschreibungen der Bank, die von der Bank ihrem Bestande an Wertpapieren zugeschrieben wurden. Nicht darauf kommt es an, ob die eigenen Schuldverschreibungen sich „im Umlauf befinden".[38]) Erforderlich ist nur, daß sie entweder von der Bank bereits ausgegeben (dann schadet[39]) auch der Mangel der Bescheinigung nicht!) oder mit der Bescheinigung im Sinne des § 30 Abs. III H.B.G. versehen und dem Bestande an Wertpapieren zugeschrieben sind. Da wohl Umlaufsfähigkeit, aber nicht tatsächlicher Umlauf erforderlich ist, wird sich bei Vorliegen der übrigen Voraussetzungen das Vorrecht im Sinne des § 35 Abs. III H.B.G. auch auf die oben sub 2a genannte Kategorie erstrecken. Die gesetzgebenden

---

35) Abw. Tobias a. a. O. S. 74 ff.

36) A. a. O. S. 455.

37) Übereinstimmend die oben Anm. 28 zitierte Ministerial-Verfügung.

38) Abw. Rehm a. a. O. S. 331; Tobias a. a. O. S. 75; zu eng wohl auch Merzbacher S. 97.

39) Hillig, § 30 Anm. 8 (S. 81).

Faktoren[40]) waren zwar anderer Meinung, da sie eine Benachteiligung der Konkursgläubiger in diesem Falle für nicht gegeben erachteten. Aber ganz abgesehen davon, daß man vielleicht eine Benachteiligung derselben in der Festlegung von Bestandteilen der Deckungsmasse für die betreffenden Obligationen erblicken kann, ist die Auffassung des Gesetzgebers in dem Gesetze selbst nicht zum Ausdruck gekommen; sie bindet uns daher nicht. Den § 35 Abs. III nur auf den Fall der Dotierung des Reservefonds mit eigenen Hypothekenpfandbriefen zu beziehen, dazu hat man keine Veranlassung.[41])

Die Zuschreibung zum Bestande an Wertpapieren kann in verschiedener Weise erfolgt sein; der Eintrag ins Effektenkonto bei der Bilanz ist nicht die einzige Möglichkeit;[42]) auch die Eintragung in das Effektenbuch genügt.

5. Gehören nun solche eigene Schuldverschreibungen der Bank zur Konkursmasse, die von der Bank dem Bestande an Wertpapieren zugeschrieben sind, so wird hinsichtlich ihrer die vergantete Bank kraft gesetzlicher Anordnung den Obligationären gleich behandelt. Aber nicht allgemein, sondern nur in gewissen Beziehungen! Da die Gemeinschuldnerin keine Forderung gegen sich selbst hat, ist sie auch, wenn ihre eigenen Schuldverschreibungen den 20. Teil des Pfandbriefumlaufes betragen, nicht zur Berufung der Versammlung der Obligationäre berechtigt; aus dem gleichen Grunde hat sie in einer von anderer Seite berufenen Versammlung kein Stimmrecht.[43])

Nur hinsichtlich der Inanspruchnahme der Deckungsmasse ist die Gemeinschuldnerin für ihre Obligationen den wirklichen Obligationären gleichberechtigt. Sonach wird ein Vorrecht als bestehend anerkannt, während eine Forderung nicht vorhanden ist. Diese gesetzliche Fiktion findet ihr Analogon in der Eigentümerhypothek des bürgerlichen Gesetzbuches; denn auch bei dieser handelt es sich — im Grunde genommen — um eine Haftung für eine Forderung, ohne daß eine solche wirklich vorliegt.[44])

---

[40]) Begr. II S. 27 u. 56.

[41]) Abw. der Geschäftsbericht 1900 der „Westdeutschen Bodenkreditanstalt" in Köln; dagegen: Berliner Tagblatt vom 21. Januar 1901.

[42]) Abw. Tobias a. a. O. S. 75.

[43]) §§ 8 Abs. II, 10 Abs. IV Schuldverschreibungsges.

[44]) Vgl. hierzu die Ausführungen Dernburgs a. a. O. Bd. 3 § 322 (S. 628).

Die Gemeinschuldnerin wird, wie gesagt, in gewissen Schranken gleich wie ein Obligationär behandelt; sie ist nicht auf den nach Befriedigung der Schuldverschreibungsgläubiger verbleibenden Rest der Deckungsmasse mit ihrem Vorrechte verwiesen; ihre eigenen Obligationen werden vielmehr bei der Berechnung der auf die einzelnen Schuldverschreibung fallenden Anteile an dem Erlöse mitgezählt, d. h. sie nehmen auch schon bei unzureichender Unterlage zu der entsprechenden Quote am Erlöse teil.

Die Gemeinschuldnerin selbst, deren Existenz für die Zwecke des Konkurses fortdauert, ist als Subjekt der Konkursmasse auch Eigentümerin der aus dem Erlöse der Deckungsmasse für die eigenen Schuldverschreibungen ihr zufallenden Beträge; die Buchgläubiger der Gesellschaft können diese nicht direkt für sich in Anspruch nehmen, sie nehmen nicht (direkt) am Erlöse teil;[45]) ihre Rechte hinsichtlich desselben sind keine anderen wie an dem für die allgemeine Konkursmasse erzielten Erlöse. Steht man auf dem Standpunkte der Beschlagsrechttheorie, so muß man ihnen folgerichtig — mit L. Seuffert[46]) — ein Beschlagsrecht an dem auf die eigenen Schuldverschreibungen der Bank entfallenden quotenmäßigen Anteil am Erlöse der Deckungsmasse zugestehen.

IV.

Die Obligationäre und die Bank — diese für ihre eigenen Schuldverschreibungen — kommen in gleichmäßigen Beträgen zum Zuge. Einzelnen Gattungen der Schuldverschreibungen steht ein Vorrang vor anderen nicht zu; ein solcher kann für den Fall des Konkurses rechtsgültig nicht eingeräumt werden.[47])

§ 9. e. Recht und Pflicht zur Wahrnehmung der Interessen der Obligationäre im Konkurse der Bank.

Die Obligationäre selbst sind die berufensten Hüter ihrer Rechte.[1]) Daneben liegt ihr Schutz aber auch noch gewissen anderen Personen ob.

I. Außerhalb des Konkurses kommen hier in erster Linie die Aufsichtsbehörde und der Treuhänder in Betracht.

---

[45]) Abw. scheinbar Tobias a. a. O. S. 75.

[46]) A. a. O. S. 111.

[47]) Vgl. § 35 Abs. I Satz 3 H.B.G.

[1]) Wenigstens theoretisch; praktisch sind sie häufig dazu gar nicht in der Lage.

1. Die Aufsichtsbehörde hat das Recht — und in den Grenzen[2]) eigenen pflichtmäßigen Ermessens auch die Pflicht[3]) — die Interessen der Obligationäre[4]) zu vertreten. In dem Gesetze selbst kommt dies zwar nicht direkt zum Ausdruck; aber es ergibt sich nicht nur aus der Entstehungsgeschichte des Gesetzes, sondern geht auch daraus hervor, daß die Staatsaufsicht über die Bank die Überwachung ihres Geschäftsbetriebes in Bezug auf Gesetzmäßigkeit und Einhaltung der Satzung und der sonst in verbindlicher Weise getroffenen Bestimmung in sich begreift,[5]) die Gesetzes- und die Satzungsbestimmungen aber vorwiegend die Stellung der Obligationäre im Auge haben.[6])

Das Aufsichtsrecht entsteht mit der Entfaltung der Tätigkeit als „Hypothekenbank"; daher existiert es auch schon zu der Zeit, in der die Genehmigung des Geschäftsbetriebes noch nicht erfolgt ist.

Die Aufsicht ist eine einzelstaatliche, sohin nicht Sache des Reiches.[7])

---

[2]) Außerdem ohne diese Einschränkung in den Fällen der §§ 12, 15, 22, 29, 33 f., 42 H.B.G.; vgl. darüber Hecht in Conrads Handwörterbuch der Staatswissenschaften Bd. IV S. 1250; ausführlich Hillig §§ 8 f. Anm. 4; auch Bodo Lehmann a. a. O. S. 55.

[3]) Vgl. Hecht, Das Hypothekenbankrecht a. a. O. § 8; abw. z. B. Dove a. a. O. S. 23, der jede Aufsichts*pflicht* negiert.

[4]) Ein Schutz der *Aktionäre* wird durch die dem allgemeinen Staatsinteresse dienende Aufsicht des Staates nicht erstrebt. Wohl aber hat die Aufsichtsbehörde geeignetenfalls Maßnahmen zu Gunsten der *Hypothekenschuldner* zu treffen, da der Staat ein Interesse an gesunden Realkreditverhältnissen hat. Vgl. Bodo Lehmann a. a. O. S. 94 und die daselbst erwähnte übereinstimmende Äußerung des Regierungs-Kommissars in der Budgetkommission des Preußischen Abgeordnetenhauses am 28. Januar 1901.

[5]) Davon geht das Hypothekenbankgesetz aus; vgl. § 4 des Ges.

[6]) Siehe oben S. 18 f.

[7]) Für *Reichsaufsicht* z. B. in der Form eines dem Reichsversicherungsamte (§ 70 Privatversicherungsgesetz) nachgebildeten Reichspfandbriefamtes wird von verschiedenen Seiten mit Rücksicht auf die bisherige verschiedene Gestaltung der Aufsicht in den Einzelstaaten plädiert; vergl. insbesondere Hecht in Holdheims Monatsschrift Band VII S. 175, derselbe in seinem in der internationalen Gesellschaft für vergleichende Rechtswissenschaft und Volkswirtschaftslehre am 24. März 1897 gehaltenen Vortrag, Dove a. a. O. S. 24, Bonschab zu § 4 H.B.G. (S. 5); Gutachten des 24. deutschen Juristentages, beschlossen auf Antrag Rießers, abgedruckt im Beilageheft zu Goldschmidts Zeitschrift für Handelsrecht Bd. 47 S. 90. Dem gegenüber ist mit Fuld (a. a. O. S. 354) darauf hinzuweisen, daß die Einzelstaaten ohne zwingende Notwendigkeit kaum auf ihr Aufsichtsrecht verzichten werden; eine Erklärung in diesem Sinne wurde bereits von den Vertretern der Regierungen abgegeben; vgl. Kommissionsbericht S. 4.

auch nicht bei den Banken, die satzungsgemäß ihre Beleihungen in allen Teilen des Reiches vornehmen; sie wird durch die nach allgemeinen Normen zuständigen Verwaltungsbehörden[8]) oder unter Leitung dieser Behörden durch besondere Kommissare — und zwar durch einen oder mehrere[9]) für jede einzelne Bank oder für mehrere Banken zugleich — geübt (§ 4 Abs. III H.B.G.). Die Überwachung seitens der Aufsichtsbehörde ist nicht lediglich auf die Tätigkeit der Bank im eigenen Staatsgebiete beschränkt. Sie erstreckt sich vielmehr auf den ganzen Geschäftsbetrieb; selbst Zweigniederlassungen der Bank in einem anderen Bundesstaate sind ihr daher unterworfen.[10])

Der Aufsichtsbehörde stehen sämtliche Befugnisse zu, welche zur wirksamen Aufsichtsführung erforderlich sind (§ 4 Abs. I H.B.G.), es sei denn, daß es sich um Maßnahmen dreht, zu deren Vornahme kraft Gesetzes bestimmte Organe, z. B. Vorstand oder Generalversammlung berufen sind, oder daß wohlerworbene Rechte einzelner Personen entgegenstehen. Die seitens der Aufsichtsbehörde getroffenen Anordnungen werden nötigenfalls nach den landesgesetzlichen Vorschriften über das Zwangsverfahren in Verwaltungssachen durchgesetzt.

Im Falle der Aufsichtsführung durch einen Kommissar kann die leitende Aufsichtsbehörde bestimmen, daß für die Tätigkeit des Kommissars von der Bank eine Vergütung an die Staatskasse zu zahlen ist; sie setzt dann zugleich selbst die Höhe der zu entrichtenden Vergütung fest. Ist dies geschehen, so liegt eine Forderung der Staatskasse auf eine Leistung vor, die vom Staate zur Bestreitung des öffentlichen Aufwandes aus Anlaß der speziellen Aufsichtstätigkeit verlangt wird; daraus folgt, daß man dem Staate — unter den übrigen Voraussetzungen — eine bevorrechtigte Forderung nach § 61 Ziffer 2 K.O. zugestehen muß, wenn man die Erstreckung dieses gesetzlichen Vorrechtes auf die Gebühren im allgemeinen[11]) bejaht.

Das Aufsichtsrecht bleibt bis zur Auflösung der Gesellschaft bestehen; schließt sich aber an diese eine Liquidation an, so endet das Aufsichtsrecht nicht vor Schluß der Liquidation (§ 3 Satz 3 H.B.G.).

---

[8]) In Preußen ist das Ministerium für Landwirtschaft, Domänen und Forsten, in Bayern und Sachsen das Ministerium des Innern in oberster Instanz zuständig.

[9]) Kommissionsbericht S. 6.

[10]) Begr. II S. 935.

[11]) Vgl. statt aller Jaeger zu § 61 Anm. 17.

Über Bestehen oder Nichtbestehen des Aufsichtsrechtes im Konkurse vgl. unten sub II.

2. Während der staatliche Kommissar (die Aufsichtsbehörde), wie oben in Anm. 4 bemerkt wurde, nicht immer nur für die Obligationäre, sondern im Interesse der Allgemeinheit und darum eventuell auch für die Darlehensschuldner in die Schranken zu springen hat, ist das Institut des Treuhänders, das erst durch E. II begründet wurde, ausschließlich[12]) zur Wahrnehmung der Rechte der Schuldverschreibungsgläubiger geschaffen; schon die gewählte Bezeichnung (Treuhänder) soll[13]) erkennen lassen, daß der Ernannte trotz seiner Bestellung durch die Aufsichtsbehörde nur zur Wahrung der Interessen der Schuldverschreibungsgläubiger berufen ist.

Die Stellung des Treuhänders ist, wie Hecht[14]) in treffender Kürze hervorhebt, eine singuläre. Der Treuhänder ist nicht „Vertreter" im juristischen Sinne,[15]) weder Vertreter der Bank, noch der Aufsichtshörde, noch der Obligationäre. Sein Wesen ist das eines notwendigen Organs in dem Organismus der Bank[16]) (außer ihm ist mit gesetzlicher Notwendigkeit[17]) bei jeder Bank ein stellvertretender Treuhänder zu bestellen). Nur ein Ausnahmefall[18]) ist dem geltenden Rechte bekannt: Hypothekenbanken, bei denen am 1. Januar 1900 ein Staatskommissar mit der Überwachung der Pfandbriefausgabe betraut war, brauchen keinen eigenen Treuhänder; bei ihnen können die Obliegenheiten, die an sich dem Treuhänder zukommen, dem staatlichen Kommissar übertragen werden.[19]) In allen anderen Fällen aber ist der Treuhänder eine notwendige Institution. Darum mußte bei den bestehenden Hypothekenbanken sofort mit dem Inkrafttreten des Gesetzes die Bestellung eines Treuhänders erfolgen (arg. § 53 Abs. I Satz 3); bei neu entstehenden Hypothekenbanken muß die Be-

[12]) Kommissionsbericht S. 80.

[13]) Kommissionsbericht S. 27.

[14]) In Conrads Handwörterbuch a. a. O. S. 1251.

[15]) So insbesondere auch O. Fischer in Fischer-Henle, Handausgabe des B.G.B., Vorbem. vor § 164 und Alfred Schultze in seiner eingehenden Abhandlung „Treuhänder im geltenden bürgerlichen Recht" in Iherings Jahrbüchern Bd. 48 S. 101.

[16]) Als „Organ der Hypothekenbank" wurde der Treuhänder auch vom Abgeordneten Goerdeler in der Sitzung des Preußischen Abgeordnetenhauses vom 21. März 1901 bezeichnet.

[17]) Diese Bestimmung wurde auf Anregung Hechts in das Gesetz aufgenommen.

[18]) Diesen übersieht Schultze a. a. O. S. 96.

[19]) §§ 51, 44 H.B.G.

stellung dem Beginne der Obligationenausgabe vorangehen, da diese nicht ohne Mitwirkung eines Treuhänders geschehen kann[20]). Für jede Bank ist ein Treuhänder erforderlich, aber auch nur einer zulässig. Besondere Voraussetzungen in der Person des zu Bestellenden[21]) sind nicht vorgesehen, nur darf — vom Falle des § 51 H.B.G. abgesehen — der die Aufsicht übende staatliche Kommissar nicht mit den Funktionen des Treuhänders betraut werden.[22])

Die Bestellung des Treuhänders erfolgt durch die Aufsichtsbehörde nach Anhörung der Hypothekenbank, kann aber jederzeit seitens der Aufsichtsbehörde widerrufen werden. Die Befugnisse und Pflichten des Treuhänders sind in dem Gesetze (§ 30—34) einzeln und ausschließlich aufgezählt. Sie bezwecken die Bindung der Deckungsmasse behufs Sicherung des Konkursvorrechtes, wollen aber zugleich den Geschäftsbetrieb der Bank nicht unnötig erschweren. Für Streitigkeiten zwischen dem Treuhänder uud der Bank ist der Rechtsweg ausgeschlossen;[23]) jedoch kann die Aufsichtsbehörde von beiden Seiten zur Entscheidung angerufen werden. Die Vergütung des Treuhänders für seine Tätigkeit wird durch Vereinbarung zwischen ihm und der Bank, in Ermangelung einer Einigung aber durch die Aufsichtsbehörde festgesetzt; die Vergütung ist seitens der Bank an den Treuhänder — nicht durch Vermittelung der Aufsichtsbehörde — zu entrichten.

Dieses ist der Kern der gesetzlichen Bestimmungen über das Institut des Treuhänders. Darnach kann der Treuhänder weder als gesetzlicher noch als Vertragsvertreter der Bank angesehen werden,[24]) denn er steht nicht in den Diensten der Bank; er nimmt von dieser

---

[20]) §§ 80 Abs. 8, 88, 41, 42 H.B.G.

[21]) Fleck (der Gesetzentwurf betreffend die gemeinsamen Rechte der Besitzer von Schuldverschreibungen in Holdheims Monatsschrift Band VII S. 217 ff.) wollte in das Gesetz die Bestimmung aufgenommen wissen, daß nur das emittierende Bankhaus „Pfandhalter" (die Bestellung eines solchen war ursprünglich geplant) werden könne. Vgl. die hiergegen sich richtenden Ausführungen Riessers a. a. O. S. 56 ff.

[22]) Dies geht aus dem Ausnahmecharakter des § 51 hervor.

[23]) Da das Gesetz sämtliche Rechte und Pflichten des Treuhänders aufzählt, sind wohl alle Streitigkeiten zwischen der Hypothekenbank und dem Treuhänder als solchen dem Rechtswege entzogen. Abw. Hillig § 28 Anm. 1 (S. 98), der ausführt: „Nicht für alle Streitigkeiten zwischen Treuhänder und Hypothekenbank ist der Rechtsweg ausgeschlossen, sondern nur, soweit es sich um Streitigkeiten über die durch das Gesetz geordneten beiderseitigen Rechte und Pflichten handelt".

[24]) Letzteres führen Merzbacher § 29 Anm. 1 (S. 81), Göppert § 29 Anm. 1 S. 55 und Bodo Lehmann a. a. O. S. 68 und 70 zutreffend aus.

keine Weisungen entgegen, sondern wahrt vielmehr gegen sie die Interessen der Obligationäre in der gesetzlich vorgeschriebenen Weise.[25]) Mangels Bestehens eines Dienstvertrages zwischen dem Treuhänder und der Bank (§ 61, Ziff. 1 K.O.) hat die Forderung des ersteren auf rückständige Vergütung im Konkurse der Bank den Charakter einer einfachen Konkursforderung.

Ebensowenig wie als Vertreter der Bank kann man den Treuhänder juristisch als „Beauftragten der Staatsbehörde" bezeichnen; Göpperts und Plancks diesbezügliche Annahme[26]) geht fehl. Ein Vertragsverhältnis zwischen Aufsichtsbehörde und Treuhänder wird durch die widerrufliche Bestellung nicht begründet; man müßte denn der Meinung sein, daß beispielsweise auch durch die Bestellung des Vormundes ein Vertragsverhältnis zwischen diesem und dem Vormundschaftsgerichte zur Entstehung gelangt. Göpperts Anschauung steht[27]) im Widerspruch mit der richtigen Auffassung des Verhältnisses des Staates zu den Interessen der Obligationäre und mit der Entstehungsgeschichte des Gesetzes und würde zu der Bestimmung des § 33 H.B.G. schlecht passen. Die letztbezeichnete Gesetzesbestimmung schließt den Rechtsweg zwischen dem Treuhänder und der Bank aus. Wenn, wie Göppert meint, der Treuhänder privatrechtlicher Vertreter der Aufsichtsbehörde wäre, müßte doch diese als Partei — vertreten durch den Treuhänder — angesehen werden und könnte dann kaum zur Entscheidung über einen Streit zwischen dem Treuhänder und der Bank berufen sein. Aber auch die von Bodo Lehmann[28]) und dem Reichstagsabgeordneten Schrader[29]) aufgestellte Behauptung, der Treuhänder übe ein Stück staatlicher Aufsicht aus, er sei nur Beauftragter der Aufsichtsbehörde, Aufsichtsbeamter 2. Ranges, der nicht den Gläubigern, nicht den Hypothekenbanken, sondern der Regierung verantwortlich sei, seine Stellung sei nicht als eine privatrechtliche, sondern als eine verwaltungsrechtliche zu betrachten, trifft für das geltende Recht nicht zu. Denn in dem Gesetze ist nicht der mindeste Anhaltspunkt dafür enthalten, daß der Treuhänder der staatlichen Aufsicht untersteht und ihr verantwortlich ist. Die einzige Abhängigkeit von

---

[25]) Und nur in dieser; vgl. Kommissionsbericht zu § 29 (S. 29).

[26]) Göppert § 29 Anm. 1 (S. 55 f.); Planck, Kommentar z. B.G.B. § 1189 sub 8; dagegen wie oben vgl. Staudinger, Kommentar z. B.G.B. § 1189 sub VII.

[27]) Vgl. hierüber die zutreffenden Ausführungen Schultzes a. a. O. S. 101.

[28]) A. a. O. § 68, 70.

[29]) Bei der dritten Beratung des Gesetzes, stenographische Berichte S. 2498.

der Aufsichtsbehörde beruht in der Möglichkeit, durch diese nach Belieben abgesetzt zu werden. Darüber hinaus besteht keine Abhängigkeit des Treuhänders; insbesondere hat er nicht nach Weisung der Staatsbehörde zu handeln, z. B. auf deren Anordnung hin Löschungen in den Registern vorzunehmen oder zu unterlassen. Die Praxis scheint teilweise auf dem entgegengesetzten Standpunkt zu stehen; wenigstens hat der Konkursverwalter im Konkurse über das Vermögen der Deutschen Grundschuldbank an das kgl. Polizeipräsidium in Berlin das Ersuchen gerichtet, an den Treuhänder die Weisung ergehen zu lassen, die von ihm verwahrten „Dokumente und sonstigen Pfandbedeckungen" an den Konkursverwalter herauszugeben. Nach der hier vertretenen Anschauung wäre der Treuhänder hierzu auch ohne Anweisung seitens des Polizeipräsidiums befugt und verpflichtet gewesen.

Schließlich muß auch der herrschenden Lehre[30]) entgegengetreten werden. Diese faßt die Stellung des Treuhänders als die eines Vertreters der Schuldverschreibungsgläubiger — Hillig und Merzbacher[30a]) insbes. als die eines gesetzlichen Vertreters — auf. Dagegen wenden sich Göppert und Schultze mit vollem Rechte. Ursprünglich war zwar eine derartige Vertretung der Pfandbriefgläubiger im „Pfandhalter" geplant (E. von 1879/80). Nach Aufgabe der Pfandrechtskonstruktion[31]) bestand aber für die Beibehaltung eines solchen Pfandhalters nicht die geringste Veranlassung. In dem E. II (der E. I enthielt überhaupt keine Bestimmungen ähnlichen Inhalts) war dann noch ein „Vertreter der Pfandbriefgläubiger" vorgesehen, aber auch diese Bezeichnung wurde als irreführend fallen gelassen.[32]) Vertreter der Obligationäre ist der Treuhänder tatsächlich heute nicht mehr. Wenn man ihn dafür hält, muß man die von ihm wahrgenommenen Rechte und Pflichten als Rechte und Pflichten der Gläubiger bezeichnen; wie kann aber davon die Rede sein, zumal ein Teil seiner Funktionen in die Zeit vor Entstehung der Gläubigerrechte fällt (vgl. insbes. § 30 H.B.G.)? Als Vertreter der Obligationäre stände der Treuhänder notwendigerweise zu ihnen in obligatorischen

---

[30]) Hillig S. 78; Bonschab S. 85; Merzbacher H.B.G. S. 81f.; Fuld a. a. O. S. 861; Könige, Schuldverschreibungsgesetz § 1 Anm. 33 (S. 22); Braun in der Jur. Woch. Bd. 29 (1900) S. 457.

[30a]) Vgl. übrigens Gunz a. a. O. S. 79ff.

[31]) Siehe oben S. 25ff.; da Merzbacher ein Pfandrecht auch heute noch für gegeben erachtet, handelt er nur folgerichtig, indem er den Treuhänder zum Vertreter der Obligationäre stempelt.

[32]) Kommissions-Bericht S. 27.

Beziehungen; solche aber glaubt Hillig selbst für das positive Recht in Abrede stellen zu müssen. Es ist also nicht nur an dem, daß die Obligationäre keinen Einfluß auf die Berufung und Abberufung des Treuhänders haben. Dieser wird vielmehr überhaupt nicht als ihr Bevollmächtigter oder als ihr gesetzlicher Vertreter, sondern nur in ihrem Interesse kraft eigenen Rechtes tätig („ein wahrer Treuhänder", wie ihn Schultze a. a. O. S. 102 nennt).

II. Nach Voranschickung der Untersuchung über die Stellung des Treuhänders und der Aufsichtsbehörde im allgemeiuen können wir an die hier wesentliche Frage herantreten, ob die Aufsichtsbehörde und der Treuhänder auch im Konkurse der Bank in Aktion treten.

Die Beantwortung dieser Frage ist zweifelhaft. In den Gesetzesmaterialien findet sich hierüber nichts. Die maßgebende Gesetzesstelle (§ 3 Satz 3 H.B.G.) lautet: „Die Aufsicht erstreckt sich auf den ganzen Geschäftsbetrieb der Bank und dauert auch nach Auflösung bis zur Beendigung der Liquidation fort." Der Gesetzgeber des Schuldverschreibungsgesetzes stand, wie es scheint, auf dem Standpunkt, daß das Aufsichtsrecht auch im Konkurs fortdauert. Sonst hätte er wohl nicht in dem § 18 Abs. IV des Schuldverschreibungsgesetzes, das in erster Linie grade für die Hypothekenbanken geschaffen wurde, der Aufsichtsbehörde ein Antragsrecht während des Konkurses eingeräumt und hätte nicht die Entsendung eines Vertreters der Aufsichtsbehörde in die Versammlung der Obligationäre auch für die Zeit des Konkurses gestattet (§ 18 Abs. VI mit § 5^{III}); denn was wollen diese Rechte ohne durchgreifendes Aufsichtsrecht überhaupt bedeuten? Die Anschauung, daß die Aufsicht fortbesteht, läßt sich vielleicht auch mit dem Hinweis auf die zwischen Liquidation und Konkurs bestehende Ähnlichkeit begründen. Aus derselben Auffassung heraus wird beispielsweise die nur für die Liquidation des Vereinsvermögens gesetzlich bestimmte Fortdauer des Vereins unter analoger Anwendung des § 49 Abs. II B.G.B. für den Vereinskonkurs bejaht.[33])

Andrerseits aber spricht nicht nur die Fassung des § 3 H.B.G. dafür, daß mit der Eröffnung des Konkurses — diese ist Auflösungsgrund (§ 292 Abs. I Nr. 3, 320 Abs. III H.G.B.) und löst auch die Liquidationsgesellschaft auf[34]) — das Aufsichtsrecht endigt und nur im Ausnahmefall der Liquidation fort-

[33]) Vgl. Jaeger zu § 25 Anm. 9.

[34]) Vgl. Staub zu § 292 H.G.B. Anm. 8.

dauert. Vielmehr kann auch angenommen werden, daß ein Bedürfnis für die Übung einer Staatsaufsicht durch die Aufsichtsbehörde während des Konkurses nicht mehr besteht, da das Konkursverfahren sich im Gegensatz zur Liquidation unter den Augen des Gerichts abspielt; das Gericht sorgt für die im Interesse der Obligationäre erforderliche Überwachung der Abwicklung des Unternehmens (vergl. unten sub III). Wenn sohin Göpperts[35]) und Königes[36]) Meinung der Begründung nicht entbehrt, so kann andererseits, da das Schuldverschreibungsgesetz speziell auf Hypothekenbanken gemünzt war, Göppert nicht beigepflichtet werden, wenn er über die positive Regelung des § 18 Abs. IV und VI hinwegzukommen sucht, indem er als Voraussetzung der angeführten Gesetzesbestimmung die Tatsache bezeichnet, daß die Aufsicht im Konkurs überhaupt noch besteht. Aber gerade der — teilweise — Fortbestand der Aufsicht, den wir mit Hillig und L. Seuffert annehmen, ruft Zweifel wach.[37])

Die Tätigkeit des Treuhänders schließlich dürfte schon um dessen willen mit der Konkurseröffnung ihr Ende erreichen, weil für sie im Konkurse kein Raum mehr ist. Die Deckungsmasse und die zugehörigen Dokumente sind Bestandteile der Konkursmasse und werden als solche seitens des Konkursverwalters in Verwahrung genommen. Andere Befugnisse aber — z. B. die für die Zeit vor Ausgabe der Obligationen geschaffenen (§ 30 H.B.G.) — kommen ohnehin nicht mehr in Frage. Übereinstimmend[38]) Göppert Vorbem. zu § 35 H.B.G. (S. 68), Kritzler a. a. O. S. 19 und die Praxis im Konkurs der deutschen Grundschuldbank; unentschieden der Verfasser des in Anm. 3 auf S. 119 angeführten Artikels des Berliner Tagblattes; abweichend Hillig zu § 35 Anm. 6 (S. 96): „Der Treuhänder, dessen hauptsächlichste Funktionen mit der Konkurseröffnung ihre Bedeutung für den Gläubiger verlieren"; abw. auch Thaler in den Annalen des deutschen Reiches 1902 S. 845.

---

[35]) Göppert H.B.G. S. 5 und 67.

[36]) Königе a. a. O. § 18 Anm. 7 (S. 80).

[37]) Hillig § 35 Anm. 6 (S. 97); L. Seuffert a. a. O. S. 118 f.; eine Besprechung im Berliner Tagblatt vom 4. März 1901 läßt die Frage unentschieden.

[38]) In dem bei Schluß der Arbeit erschienenen „Hypothekenbankrecht" Hechts (in der Holtzendorff-Kohlerschen Encyklopädie (1903) Teil II, § 10) spricht sich Hecht dahin aus, daß durch die Eröffnung des Konkurses die Stellung des Treuhänders beseitigt wird und die Staatsaufsicht beendigt ist.

III. Die Interessen der Schuldverschreibungsgläubiger werden, da diese als Konkursgläubiger am Verfahren teilnehmen, in mancher Beziehung durch das Konkursgericht wahrgenommen; insbesondere geschieht dies durch die Überwachung des Konkursverwalters, dem die Sammlung, Verwaltung und Verwertung der Konkursmasse und die Verteilung des Erlöses obliegt. Außerdem wird das Konkursgericht nach den Vorschriften des Schuldverschreibungsgesetzes als Behörde der freiwilligen Gerichtsbarkeit für die Obligationäre tätig.[39])

Der Konkursverwalter selbst ist nicht Vertreter der Schuldverschreibungsgläubiger; dies muß auch vom Standpunkt derjenigen Theorie aus gelten, nach der der Konkursverwalter — im allgemeinen, nicht nur in Anfechtungsprozessen — als Vertreter der Konkursgläubiger, nämlich der Gesamt-Gläubigerschaft[40]) angesehen wird.[41]) Daß die Tätigkeit des Konkursverwalters unter Umständen dem Interesse[42]) der Schuldverschreibungsgläubiger vollkommen entspricht, ändert an der Auffassung seiner Stellung nichts. Insbesondere gilt dies auch für folgenden Fall: Wenn der Gesamtbetrag der im Umlauf befindlichen Schuldverschreibungen der Bank unter 100000 Mk. oder die Zahl der im Umlauf befindlichen Stücke unter 100 herabsinkt, so hat der Konkursverwalter dies unverzüglich im Deutschen Reichsanzeiger bekannt zu machen. Diese Pflicht, die außerhalb des Konkurses die Bank selbst trifft (§ 2 Schuldverschreibungsgesetz), obliegt im Konkurse dem Konkursverwalter, da er gemäß K.O. § 6 zur Ausübung der zur Konkursmasse gehörigen Vermögensrechte des Gemeinschuldners berufen ist.

Der Gläubigerausschuß kann darum nicht als Vertretung der Obligationäre gelten, weil er Organ der Gesamtgläubigerschaft, nicht einer speziellen Gläubigerkategorie ist.

---

39) Siehe unten sub IV 1.

40) Abw. betrachtet Hellmann (Lehrbuch des Zivilprozeßrechtes S. 966, 978; derselbe in der Kritischen Vierteljahrsschrift Band 27 S. 240) den Konkursverwalter als Vertreter des einzelnen Konkursgläubigers.

41) Auf dem Standpunkt stehen diejenigen, die wie Kohler (vgl. insbesondere auch seinen „Leitfaden" S. 72) und L. Seuffert annehmen, daß durch die Eröffnung des Konkurses ein Beschlagrecht der Gläubiger zur Entstehung gelangt; ferner auch Planck, Lehrbuch des Zivilprozeßrechtes Band I S. 211, Band II S. 660; vgl. dazu besonders Jaeger § 6 Anm. 6ff.

42) Begr. II zum Schuldverschr.-Gesetzentwurf; Stenographische Berichte S. 917; R.G. Band 38 S. 379.

IV.

Die spezifische Vertretung der Obligationäre ist diejenige, die auf Grund des Schuldverschreibungsgesetzes besteht. In diesem Spezialgesetze ist eine Versammlung der Schuldverschreibungsgläubiger und ein Vertreter derselben vorgesehen; außerdem kommt dem Konkursgerichte, wie bereits oben bemerkt wurde, eine gewisse Mitwirkung zu.

1. Fassen wir zunächst die Teilnahme des Konkursgerichts ins Auge!

a) Welches Gericht Konkursgericht ist, sagt § 71 K.O. Dem Konkursgericht obliegt die Berufung und Leitung der Versammlung der Obligationäre während des Konkurses. In sechs in dem Gesetze aufgeführten Fällen (siehe unten sub 2) ist die Berufung der Versammlung dem Konkursgerichte zur Pflicht gemacht; im übrigen steht die Berufung im Ermessen des Gerichts. Dieses hat ferner die Stelle zu bestimmen, bei welcher die Gläubiger ihre Schuldverschreibungen vor der Versammlung hinterlegen müssen.[43]) Aus dem Recht und der Pflicht, die Versammlung zu leiten, ergibt sich ohne weiteres die Befugnis zur Handhabung der Sitzungspolizei, für die nach § 8 des Gesetzes über die Angelegenheiten der freiwilligen Gerichtsbarkeit (F.G.G.) die Vorschriften des Gerichtsverfassungsgesetzes (G.V.G.) anwendbar sind. Wie übereinstimmend von allen Seiten angenommen wird, werden die Beschlüsse, welche von den während des Konkurses stattfindenden Versammlungen der Obligationäre gefaßt werden, durch das die Versammlung leitende Gericht protokolliert; das Protokoll ist Voraussetzung der Rechtsverbindlichkeit der Beschlüsse; zur Erklärung der Tatsache, daß das Gericht die Protokollierung vornimmt, bedarf es einer Heranziehung der zivilprozessualen Vorschriften auf der Grundlage des § 72 K.O. nicht. Denn eine Protokollierung der Beschlüsse durch einen Notar in der vom Gerichte geleiteten Versammlung ist schon an sich widersinnig.

Die Beschlüsse der Versammlung unterliegen der gerichtlichen Bestätigung nicht; eine richterliche Nachprüfung findet nur im Rahmen der Konkursordnung, nicht aber im Rahmen des Schuldverschreibungsgesetzes statt.

Daraus, daß die Berufung und Leitung der Versammlung

---

[43]) §§ 18^{V}, 10^{II} des Schuldverschreibungsgesetzes.

Sache des Gerichts ist, folgt selbstredend nicht, daß dadurch erwachsende Kosten der Staatskasse zur Last fallen; vom Gegenteil geht Göppert (§ 18 Anm. 1) zu Unrecht aus und lehnt es nur als zu praktisch unbrauchbaren Ergebnissen führend ab. Für unseren Fall gestaltet sich die Kostenfrage auf Grund des § 35 Ziff. IV H.B.G. auch theoretisch sehr einfach; wir haben es mit eigenartigen Massekosten, die von der Sondermasse zu tragen sind, zu tun. (Über sonstige Massenkosten der Sondermassen vgl. unten S. 80.)

b) Das Konkursgericht entfaltet die in § 18 l. c. vorgeschriebene Tätigkeit als Behörde der freiwilligen Gerichtsbarkeit; denn es handelt sich hier um eine Angelegenheit des Bürgerlichen Rechts, bei welcher zur Erreichung eines bestimmten rechtlichen Erfolges die Mitwirkung des Gerichts — zuständig ist das Konkursgericht — einzutreten hat, ohne daß die Angelegenheiten in den Kreis der streitigen Gerichtsbarkeit fallen.[44]) Die Vorschriften des F.G.G. haben daher hier Geltung. Mit Recht hebt dies Göppert unter Betonung des Umstandes hervor, daß die Versammlung der Schuldverschreibungsbesitzer sich nicht als eine Unterabteilung der allgemeinen Gläubigerversammlung darstellt. Abweichend erklären Könige und L. Seuffert[45]) die Vorschriften des G.B.G. und der K.O. und dann auf Grund des § 72 K.O. auch die der C.P.O. für anwendbar; L. Seuffert erkennt aber selbst an, daß es sich „streng genommen" hier nicht um Entscheidungen im Konkursverfahren handelt; § 73^{III} K.O. sei daher nicht direkt anwendbar. Eine analoge Anwendung, wie Seuffert will, ist aber durch nichts gerechtfertigt; eine ausdrückliche Bestimmung über die Anfechtbarkeit der gerichtlichen Entscheidung wird von Seuffert zu Unrecht vermißt; eine solche brauchte nicht getroffen zu werden, da es sich begrifflich um ein Verfahren der freiwilligen Gerichtsbarkeit handelt und sohin nicht die Beschwerde nach § 73 K.O., sondern die der §§ 19 ff. F.G.G. gegeben ist. Auch wenn man mit Oetker[46]) schon den Konkurs als ein Verfahren der freiwilligen Gerichtsbarkeit ansieht, muß man mangels

[44]) § 1 F.G.G.; vgl. Schneider, erläuterte Textausgabe des Gesetzes, Einleitung S. V.

[45]) Könige § 18 Anm. 6 ff. (S. 79); L. Seuffert a. a. O. S. 114, 117; dagegen wie oben: die Praxis des Konkursgerichts und Beschwerdegerichts im Konkurse der Deutschen Grundschuldbank.

[46]) Oetker, Konkursrechtliche Kunstbegriffe I S. 1 ff., insbesondere S. 17 ff.

einer ausdrücklichen Bestimmung im Schuldverschreibungsgesetz die Spezialvorschrift des § 73 K.O. für unanwendbar und die allgemeine Regel der §§ 19ff. F.G.G. für anwendbar erklären. Was Königе in Anm. 2 zu § 9 des Schuldverschreibungsgesetzes ausführt, ist hier nicht einschlägig.

Der Gesetzgeber ging bei Übertragung der Berufung und Leitung der Versammlung an das Konkursgericht davon aus, daß dieses ja auch bereits zur Berufung und Leitung der allgemeinen Konkursgläubiger-Versammlung berufen ist.[47]) Aus diesem Motive kann aber auf eine Anwendbarkeit der Vorschriften der Konkursordnung nicht geschlossen werden, zumal die Ansicht des Gesetzgebers aus dem Gesetze selbst nicht entnommen werden kann.

2. Das Schuldverschreibungsgesetz gilt nur unter der Voraussetzung, daß der Nennwert der ausgegebenen Schuldverschreibungen mindestens 300000 Mark und die Zahl der ausgegebenen mindestens 300 beträgt. Sinkt der Gesamtbetrag der im Umlauf befindlichen Schuldverschreibungen unter 100000 Mark und sinkt die Zahl der im Umlauf befindlichen unter 100 herab, so ist dies im Deutschen Reichsanzeiger bekannt zu machen. Vom Tage nach der Bekanntmachung ab erlischt die Anwendbarkeit des Schuldverschreibungsgesetzes.

3. Die Versammlung der Obligationäre ist nach dem Gesetze während des Konkurses in folgenden 6 Fällen zu berufen:

a) Unverzüglich nach der Eröffnung des Konkurses hat das Konkursgericht von Amtswegen eine Versammlung zur Beschlußfassung über die Bestellung eines gemeinsamen Vertreters der Obligationäre im Konkursverfahren einzuberufen; ist schon vorher ein Vertreter bestellt worden oder wurde wenigstens seitens einer Versammlung der Obligationäre Stellung zur Frage der Ernennung eines Vertreters genommen, so bedarf es jetzt der Einberufung der Versammlung nicht. Wurde aber zwar ein Vertreter bestellt, der Umfang der diesem eingeräumten Befugnisse aber so eng begrenzt, daß diese die Vertretung im Konkurse nicht umfassen, so ist die neuerliche Berufung einer Versammlung gesetzlich vorgeschrieben.[48])

Die Versammlung ist ferner[49])

---

[47]) Begr. II zum Schuldverschreibungsgesetz S. 417.

[48]) § 18^{III} l. c.

[49]) § 18^{IV} l. c.

b) auf Antrag einer Gläubigergruppe zu berufen, deren Schuldverschreibungen zusammen den zwanzigsten Teil des Gesamtbetrages der im Umlauf befindlichen Schuldverschreibungen erreichen; eigene Schuldverschreibungen der Bank werden nicht mitgezählt;

c) auf Antrag eines von der Gläubigerversammlung bestellten Vertreters der Obligationäre oder eines nach § 1189 B.G.B. bestellten Pfandhalters (Treuhänders) oder eines Vertreters, dessen Ernennung auf Grund einer bei Ausgabe der Schuldverschreibungen in verbindlicher Weise getroffenen Festsetzung erfolgt ist;[50])

d) auf Antrag des Konkursverwalters, dem das Antragsrecht an Stelle der Schuldnerin (§ 3^{I} l. c.) durch ausdrückliche Gesetzesbestimmung eingeräumt ist; ein Einberufungsrecht steht aber auch dem Konkursverwalter nicht zu;

e) auf Antrag des Gläubigerausschusses und

f) auf Antrag der Aufsichtsbehörde.

Im übrigen kann die Versammlung der Obligationäre in allen Fällen berufen werden, in denen das Konkursgericht es für erforderlich oder zweckmäßig erachtet.

Die Rechte der Versammlung sind in dem Gesetze allgemein dahin umgrenzt, daß ihren Beschlüssen, die zur Wahrung der gemeinsamen Interessen der Schuldverschreibungsgläubiger gefaßt werden, verbindliche Kraft für alle Gläubiger beigemessen wird.[51]) Von den Einzelbestimmungen sind folgende hervorzuheben: Die Beschlüsse der Versammlung sind mit der Mehrheit der abgegebenen Stimmen — in einzelnen Fällen mit besonders qualifizierten Mehrheiten — zu fassen; ein Stimmrecht des Konkursverwalters für die eigenen Schuldverschreibungen der Bank besteht nicht.[52]) Die Frage, ob ein Vertreter der Obligationäre zu bestellen ist und wer sich dazu eignet, unterliegt der freien Entscheidung seitens der Versammlung. Ein bestellter Vertreter kann — unbeschadet seines Rechtes auf die ihm vertragsmäßig zustehende Vergütung — von der Versammlung der Obligationäre jederzeit abberufen werden. Die Versammlung kann die Gläubiger nicht zu Leistungen verpflichten; andrerseits kann sie sich aber zur Aufgabe oder Beschränkung von Gläubigerrechten, ja sogar — im

---

[50]) §§ 8, 16 l. c.; vgl. unten sub 7.

[51]) § 1 l. c.

[52]) § 10^{IV} l. c.

Gegensatz zu ihrer Kompetenz außerhalb des Konkurses[53]) — zum Verzicht auf Kapitalbeträge entschließen.

4. Das ureigenste Organ der Schuldverschreibungsgläubiger ist der von der Versammlung bestellte Vertreter. Ein solcher muß nicht notwendigerweise vorhanden sein; die Anschauung Merzbachers[54]) und Bonschabs,[55]) daß im Konkurse die Bestellung eines Vertreters obligatorisch sei, entbehrt, wie Riesser, Göppert und Könige[56]) zutreffend bemerken, der rechtlichen Grundlage; daraus, daß die Berufung der Versammlung zur Beschlußfassung über die Frage der Bestellung eines Vertreters zu erfolgen hat, kann nicht gefolgert werden, daß die Bestellung eines Vertreters obligatorisch ist. Immerhin wird man letztere mit der Begründung des Entwurfs für den Konkursfall, insbesondere behufs Ermöglichung einer Vertretung der Interessen der Obligationäre bei der Verwertung der Deckungsmasse[57]) als zweckmäßig bezeichnen müssen. Bei der Bestellung eines Vertreters ist zugleich der Umfang seiner Befugnisse zu bestimmen. Soweit er zur Geltendmachung der den Obligationären zukommenden Rechte ermächtigt wird, kann die Befugnis des einzelnen Gläubigers zur selbständigen Geltendmachung ausgeschlossen werden; hinsichtlich der Abhebung der auf die einzelnen Obligationäre fallenden Dividenden ist dies nicht möglich.[58]) Sind mehrere Vertreter bestellt, so können sie mangels einer abweichenden Bestimmung ihre Befugnisse nur in Gemeinschaft ausüben.[59])

5. Die nach dem Schuldverschreibungsgesetze der Gläubigerversammlung und dem Vertreter der Gläubiger eingeräumten Befugnisse können durch Festsetzungen in den Schuldverschreibungen nicht ausgeschlossen oder beschränkt werden. Insofern bietet das Gesetz zwingendes Recht.[60])

6. Pfandbriefgläubiger, Kommunalobligationäre, Kleinbahnobligationäre und Rentenbriefgläubiger können gesonderte Versammlungen abhalten und sich verschiedene Vertreter bestellen. Die Besitzer

---

53) § 12 III l. c. — Diesen Ausnahmefall übersieht Jacobi a. a. O. S. 153.

54) Merzbacher, Schuldverschreibungsgesetz S. 90.

55) Bonschab, Schuldverschreibungsgesetz Anm. zu § 18.

56) Riesser a. a. O. S. 87 Anm. 2. — Göppert S. 118 — Könige § 18 Anm. 3 (S. 79).

57) Siehe oben S. 11, unten S. 80.

58) § 19 S. 2 Halbs. 2 l. c.

59) § 14 V l. c.

60) § 20 l. c.

von Schuldverschreibungen verschiedener Serien hingegen bilden im Konkurse[61]) wohl keine besonderen Verbände; denn durch die Eröffnung des Konkurses sind die außerhalb des Konkurses bestehenden Verschiedenheiten ihrer Interessen beseitigt: sämtliche Obligationen gelten als fällig, Zinsen können von Konkursbeginn ab überhaupt nicht beansprucht werden.

7. Als weitere Vertretungsorgane sind schließlich der Treuhänder nach § 1189 B.G.B. und der „Vertragsvertreter" zugelassen, dessen Bestellung auf Grund einer bei Ausgabe der Schuldverschreibungen in verbindlicher Weise getroffenen Festsetzung erfolgt ist.[62]) Über ihre Stellung vgl. § 16 l. c.

§ 10. f. Die Beteiligung der Obligationäre am Konkursverfahren.

Zum Schluß soll die Beteiligung der Obligationäre am Konkursverfahren in Kürze zusammenhängend dargestellt werden.

Die Obligationäre nehmen als bevorrechtigte Konkursgläubiger an dem Konkursverfahren teil.[1]) Ihre Stellung ist dieselbe, die den nach § 61 K.O. bevorrechtigten Gläubigern zukommt; nur insoweit besteht ein Unterschied, als die Obligationäre in gewissen Punkten den Absonderungsberechtigten gleich behandelt werden und als sie, ohne Vollmacht erteilt zu haben, in dem Verfahren von einem von der Versammlung der Obligationäre bestellten Vertreter regelmäßig mitvertreten werden.[2])

Über das Recht der Obligationäre, die Konkurseröffnung zu beantragen, siehe oben unter § 3.

Gemäß § 12 K.O. können die Obligationäre ihre Forderungen

---

[61]) Anders außerhalb des Konkurses; vgl. Könige § 1 Anm. 29 (S. 20); Kritzler a. a. O. S. 19; Hecht ebenda S. 102.

[1]) § 4 II K.O. ist in § 85 H.B.G. nicht für anwendbar erklärt.

[2]) Auch im Konkurs ist den Obligationären die selbständige Wahrnehmung ihrer Rechte durch die Bestellung eines Vertreters nicht ohne weiteres entzogen; daraus, daß dem Vertreter „die Vertretung im Konkurs übertragen ist", kann wohl — entgegen Könige § 18 Anm. 8 S. 78 — nicht geschlossen werden, daß die selbständige Geltendmachung der Konkursgläubigerrechte den einzelnen Gläubigern entzogen sein soll.

nur nach Maßgabe der Vorschriften über das Konkursverfahren verfolgen; sie müssen daher ihre Forderungen innerhalb der vorgesteckten Frist[3]) schriftlich oder zu Protokoll des Gerichtsschreibers anmelden und erklären,[4]) daß sie für ihre Forderungen das ihnen kraft Gesetzes zustehende Vorrecht in Anspruch nehmen. Der Anmeldung sollen die Obligationen selbst mit etwaigen sonstigen Belegen, z. B. Koupons über rückständige Zinsen in Urschrift oder Abschrift beigefügt werden.[5]) Der Beifügung der Schuldverschreibungen und anderer[6]) urkundlicher Beweisstücke bedarf es nicht, wenn der auf Grund des Schuldverschreibungsgesetzes bestellte Vertreter der Obligationäre die Anmeldung betätigt. Die Inanspruchnahme des Vorrechtes muß aber auch in diesem Falle ausdrücklich erklärt werden; von Amtswegen wird das Vorrecht des § 35 H.B.G. ebensowenig wie ein anderes berücksichtigt. Die Anmeldung durch den auf Grund des Schuldverschreibungsgesetzes bestellten Vertreter weicht von der Anmeldung durch den Gläubiger selbst auch insofern ab, als erstere nicht auf den Namen des Vertretenen erfolgt; die Feststellung geschieht hier auf Grund der Bücher der verganteten Bank.

Die Anmeldung wird vom Gerichtsschreiber in eine Tabelle eingetragen. Der § 35 H.B.G. ist für die Reihenfolge der Eintragung — entgegen der Regel des § 61 K.O. — nicht bestimmend (§ 140 K.O.). Die Tabelle wird zur Einsicht der Beteiligten aufgelegt und bildet die Grundlage für die Prüfungsverhandlung. Die Prüfung besteht darin, daß die angemeldeten Forderungen einzeln ihrem Betrage und ihrem Vorrechte nach erörtert werden. Sowohl der Konkursverwalter als auch jeder Gläubiger — hier der Vertreter der Schuldverschreibungsgläubiger und wenn ein solcher nicht, oder wenigstens nicht mit ausschließlicher Vertretungsbefugnis bestellt ist, auch jeder Schuldverschreibungsgläubiger selbst — können der Feststellung der angemeldeten Forderungen widersprechen; der Widerspruch kann sich gegen das Bestehen der Forderung an sich oder gegen ihre Höhe, gegen das

---

[3]) § 138 K.O.

[4]) Diese Erklärung muß nicht **zugleich** mit der Anmeldung der Forderung erfolgen; R.G. 20 S. 412; ungenau v. Auffeß, Konkursrecht und Konkursverfahren S. 69 Anm. 6.

[5]) § 139 Satz 3 K.O.

[6]) § 19 Schuldverschreibungsgesetz erklärt zwar nur die Vorlage der Schuldverschreibung für überflüssig; die analoge Erstreckung dieser Bestimmung auf andere Urkunden wird aber wohl aus dem Zwecke der Bestimmung heraus angenommen werden müssen.

Bestehen des beanspruchten Vorrechtes oder gegen die Erstreckung des Vorrechtes (auf Zinsen,[7]) Nebenleistungen usw.) richten. Auch die Vorstandsmitglieder bezw. Komplementare bezw. Liquidatoren der Bank können die Richtigkeit der Anmeldung bestreiten; durch ihren Widerspruch wird aber die Feststellung der Forderung nicht ausgeschlossen. Sie erzielen jedoch durch das Bestreiten die Wirkung, daß die festgestellte Forderung nach Beendigung des Konkurses in das Vermögen der an sich aufgelösten, jedoch nach § 307 Abs. II, bezw. 320 Abs. III[8]) H.G.B. fortgesetzten[9]) Gesellschaft nicht vollstreckt werden kann.

Die Obligationäre sind als Konkursgläubiger zur Teilnahme an den Gläubiger-Versammlungen und nach Maßgabe des § 95 K.O.[10]) zur Abstimmung befugt. An der Abstimmung über einen Zwangsvergleich nehmen sie aber — als bevorrechtigte Gläubiger — nicht teil; eine Ausnahme besteht nur insoweit, als sie auf ihr Vorrecht verzichtet haben, oder als sie vermutlich[11a]) aus der Deckungsmasse Befriedigung nicht erlangen können. Denn insoweit kommt ihnen die Stellung eines bevorrechtigten Gläubigers nicht zu[11]); der Zwangsvergleich aber wird zwischen dem Gemeinschuldner und den nicht bevorrechtigten Konkursgläubigern geschlossen.[12]) — Streit herrscht über die Frage, wieviel Obligationäre der auf Grund des Schuldverschreibungsgesetzes bestellte Vertreter repräsentiert, da, wo es auf die Zahl der Gläubiger ankommt.[13]) Man wird hier nach Analogie der §§ 95^{I} S. 3, 96 K.O. dem Konkursgericht die Entscheidung überlassen müssen. Dies war die Ansicht der gesetzgebenden Faktoren[14]) und ist heute herrschende Lehre. Abweichend meint L. Seuffert,[15]) daß der Vertreter nur als eine Person gezählt werden könne, „da

---

[7]) Z. B. weil vor Konkurseröffnung auf die rückständigen Zinsen rechtsgültig verzichtet wurde.

[8]) Im Falle des § 320 Abs. III bedarf es außer eines Beschlusses der Generalversammlung noch der Zustimmung der Komplementare, vgl. Staub § 320 Anm. 21.

[9]) Durch die Fortsetzung der Gesellschaft (über die Bedeutung der Fortsetzung vgl. insbes. Jaeger §§ 207f. Anm. 22) wird die wertvolle Konzession zum Hypothekenbankbetrieb erhalten.

[10]) § 96 K.O. ist in § 85 H.B.G. nicht für anwendbar erklärt.

[11]) §§ 85^{II} H.B.G.; 64 K.O.

[11a]) Vgl. die Ausführungen Koeniges in seinem Privatvers.-Ges.-Komm. zu § 61 III.

[12]) § 178 K.O.

[13]) §§ 94^{III} S. 2, 182 Z. 1 K.O.

[14]) Begr. II z. Schuldverschr.-Ges. S. 28. Vgl. Jaeger zu § 189 Anm. 5.

[15]) A. a. O. S. 120 Anm. 18.

die Gesamtheit der Pfandbriefgläubiger als ein Personenverband organisiert" sei. Demgegenüber aber ist zu betonen, daß der Vertreter nicht den Gläubigerverband als solchen, sondern jeden einzelnen Gläubiger vertritt. Die Mehrheit ist überhaupt nur zusammengefaßt, um die Vertretung der einzelnen durch einen die gemeinschaftlichen Interessen vertretenden, gemeinschaftlichen Vertreter zu ermöglichen. Das zeigt sich insbesondere auch dann, wenn dem Vertreter nicht die ausschließliche Vertretung der Obligationäre übertragen ist und auf Grund dieser Tatsache einzelne Obligationäre selbst ihre Rechte geltend machen. (In einem solchen Fall vermindert sich selbstverständlich die Zahl der durch den Vertreter vertretenen Personen.)

Auf die Verwertung der Deckungsmasse[15a]) und der übrigen Bestandteile der Konkursmasse haben die Schuldverschreibungsgläubiger im allgemeinen — abgesehen von der Bestellung des Gläubigerausschusses[16]) — keinen Einfluß. Dies gilt auch dann, wenn die Deckungsmasse en bloc veräußert wird.[17]) Als eine derartige Enbloc-

---

[15a]) Die Kosten der Verwaltung und Verwertung der einzelnen Deckungsmassen und die Kosten der Verteilung ihres Erlöses an die in Betracht kommenden Schuldverschreibungsgläubiger sind aus den einzelnen Deckungsmassen vorweg zu berichtigen (§ 58 Ziff. 2 K.O.). Wir haben es hier mit einer besonderen Art von Massekosten — Massekosten der Sondermassen — zu tun. Die Notwendigkeit, die Massekosten jeder einzelnen Deckungsmasse gesondert zu behandeln, ergibt sich aus dem oben in § 7 dargelegten Wesen der Deckungsmassen. — Während dieser Grundsatz hinsichtlich der Kostentragung für die Verwertung der Deckungsmasse im Anschluß an die Äußerung in Begr. II S. 952 übereinstimmend von den verschiedenen Kommentatoren des Hypothekenbankgesetzes vertreten wird, bestehen Zweifel über die Frage der Mithaftung der Deckungsmasse für die allgemeinen Massekosten und Masseschulden (§§ 58, 59 K.O.). Hillig (§ 35 Anm. 10) spricht sich ohne Begründung dahin aus, daß die allgemeinen Massekosten und Masseschulden, solange freie Masse verfügbar ist, auch nicht verhältnismäßig auf die Deckungsmassen verteilt werden können. Merzbacher (§ 35 Anm. 6) und Bonschab (Anm. zu § 35 Abs. 4) hingegen schließen sich der entgegengesetzten Meinung der Motive an (Begr. II a. a. O.). Letztere verdient wohl den Vorzug. Denn die Haftung der Deckungsmassen ist, wie oben auf S. 45 dargelegt wurde, nicht in der Weise verstärkt, daß die Deckungsmassen aus der Konkursmasse herausgehoben sind und von der Konkursmasse verschiedene Vermögensmassen bilden. Die Deckungsmassen sind vielmehr Teile der Konkursmasse. Die allgemeinen Massekosten und Masseschulden aber sind aus der Konkursmasse vorweg — auch vor den Forderungen der spezialbevorrechtigten Konkursgläubiger — zu befriedigen (§ 57 K.O.)

[16]) Dessen Einfluß §§ 188f. K.O.

[17]) Siehe oben S. 11.

Verwertung stellen sich die üblichen Transaktionen, so auch die bei der Deutschen Grundschuldbank vollzogene dar.

Hinsichtlich der Befriedigung der Obligationäre ist zwischen dem Erlöse aus der vorzugsweise haftenden Deckungsmasse und dem Erlöse aus den übrigen Teilen der Konkursmasse zu unterscheiden. Aus dem erstbezeichneten Erlöse können die Schuldverschreibungsgläubiger — unabhängig von den Verteilungen — Zahlungen von dem Konkursverwalter erhalten; der Konkursverwalter hat nur die Ermächtigung des Gerichts dazu zu erholen.[18]). Anders ist die Situation hinsichtlich der Forderungen, für die die Obligationäre Befriedigung aus dem allgemeinen Massenerlös suchen. In Bezug auf diese Forderungen werden die Obligationäre, die das Vorrecht des § 35 H.B.G. in Anspruch nehmen, überhaupt nur dann berücksichtigt, wenn sie vor Ablauf der in § 152 K.O. bestimmten Ausschlußfrist dem Verwalter den Nachweis ihres Verzichtes oder Ausfalles erbracht haben (§§ 35^{II}, H.B.G.; 153 K.O.). Eines besonderen Nachweises bedarf es allerdings regelmäßig nicht, da die Verwaltung und Verwertung der Deckungsmasse Sache des Konkursverwalters ist und dieser daher ohnehin die Höhe des Ausfalls und Verzichtes kennt; eine Ausnahme hiervon mag dann gegeben sein, wenn mehrere Konkursverwalter gleichzeitig oder nacheinander vorhanden sind; hier erübrigt sich möglicherweise nicht für jeden der Nachweis. — Die Anteile der Obligationäre für ihre Ausfall- und Verzichtforderungen werden bei den allgemeinen Konkursverteilungen zurückbehalten.[19]) Sind die Obligationäre bei einer allgemeinen Abschlagsverteilung zunächst nicht berücksichtigt worden, so können sie für einen — sich später herausstellenden — Ausfall die festgesetzten Prozentsätze aus dem Reste der Teilungsmasse verlangen, soweit diese reicht und nicht infolge des Ablaufes einer Ausschlußfrist für eine neue Teilung zu verwenden ist.[20]) Stellt sich hinterher heraus, daß die Deckungsmasse weiter zur Befriedigung der Schuldverschreibungsgläubiger reicht, als bei der Abschlagsverteilung angenommen wurde, so werden die bei der Verteilung nach der Vorschrift des § 168 K.O. zurückbehaltenen Anteile für die allgemeine Schlußverteilung frei.[21])

---

[18]) § 170 K.O.
[19]) §§ 35^{II} H.B.G., 168 Ziff. 3 K.O.
[20]) §§ 35^{II} H.B.G., 155 K.O.
[21]) §§ 35^{II} H.B.G., 156 K.O.

Ein Zwangsvergleich läßt die Forderungen der Obligationäre unberührt, insoweit sie sich nicht infolge der entsprechenden Anwendung des § 64 K.O. als einfache Konkursforderungen darstellen. Die durch das Spezialvorzugsrecht gedeckten Forderungen sind[22]) im Falle des Zwangsvergleichs zu berichtigen; wenn sie aber zwar glaubhaft gemacht, aber noch nicht festgestellt sind, müssen sie sichergestellt werden.

[22]) § 191 II K.O.

Hypothekenbankliteratur.

Außer der von Wegener in den Annalen des deutschen Reiches Jahrgang 1898, S. 605—607 angeführten Literatur:

Bonschab Friedrich, Vorstandsmitglied der Bayer. Landwirtschaftsbank: Hypothekenbankgesetz, Handausgabe mit Erläuterungen. München 1900, J. Schweitzer Verlag (Arthur Sellier).

Bonschab Friedrich, Vorstandsmitglied der Bayer. Landwirtschaftsbank: Gesetz, betr. die gemeinsamen Rechte der Besitzer von Schuldverschreibungen, Handausgabe mit Erläuterungen. München 1900, J. Schweitzer Verlag, (Arthur Sellier).

Braun, Dr. Justizrat, Direktor der deutschen Hypothekenbank: Besprechung von Göppert's erläuterter Textausgabe des H.B.G. — In der juristischen Wochenschrift Bd. 29 (1900) S. 457.

von Brünneck Dr. Wilhelm, Universitätsprofessor: Beiträge zur Geschichte und Dogmatik der Pfandbriefsysteme nach preußischem Recht in Gruchot's Beiträgen zur Erläuterung des deutschen Rechtes, Bd. 28 und 29.

Dove Heinrich: der Hypothekenbank-Gesetzentwurf, Heft 160 (Jahrgang 20, Heft 8) der volkswirtschaftlichen Zeitfragen, Vorträge und Abhandlungen, herausgegeben von der Volkswirtschaftlichen Gesellschaft in Berlin. Verlag von Leonhard Simion, Berlin 1899.

Eberstadt Rudolph: der deutsche Kapitalmarkt. Leipzig 1901, Duncker und Humblot, S. 184 ff.

Fuld Dr. Ludwig, Rechtsanwalt: Hypothekenbanken und Hypothekenbankgesetz, in den Jahrbüchern für Nationalökonomie und Statistik, III. Folge, 28. Bd., S. 351 ff. Jena 1902, Gustav Fischer.

Göppert Dr. Heinrich, Gerichtsassessor: Hypothekenbankgesetz, Textausgabe mit Einleitung, Anmerkungen und Sachregister. Guttentag'sche Sammlung deutscher Reichsgesetze Nr. 51, Berlin 1900.

Göppert Dr. Heinrich, Gerichtsassessor: Gesetz, betr. die gemeinsamen Rechte der Besitzer von Schuldverschreibungen, Textausgabe mit Anmerkungen. Guttentag'sche Sammlung deutscher Reichsgesetze, Nr. 52, Berlin 1900.

Gunz Dr. Hugo, die rechtliche Natur des Treuhänders im Hypothekenbankgesetze. Berlin 1903, E. Ebering.

Guttmann: die Sicherung der Besitzer von Hypothekenpfandbriefen durch Staatskommissäre und Treuhänder. Berlin 1901, Berliner Aktionär.

Hecht Dr. Felix, Geheimer Hofrat: Grundzüge eines Reichsgesetzes für die Bodenkredit-Aktienbanken; Vortrag, gehalten in der internationalen

Gesellschaft für vergleichende Rechtswissenschaft und Volkswirtschaftslehre am 24. März 1897.

Hecht Dr. Felix, Geheimer Hofrat: Ist die reichsgesetzliche Regelung des Hypothekenbankwesens und die der gemeinsamen Rechte der Besitzer von Schuldverschreibungen zu empfehlen?; in der deutschen Juristenzeitung 1898, Seite 364 ff.

Hecht Dr. Felix, Geheimer Hofrat: das Reichshypothekenbankgesetz in Holdheim's Monatsschrift für Handelsrecht und Bankwesen, Steuer- und Stempelfragen VII. Jahrgang (1898) S. 174 ff, 251 ff und VIII. Jahrgang (1899) S. 57 ff.

Hecht Dr. Felix, Geheimer Hofrat: Hypothekenbanken, in Conrad's Handwörterbuch der Staatswissenschaften Bd. IV, (2. Aufl., 1900), S. 1250 ff.

Hecht Dr. Felix, Geheimer Hofrat: die Mannheimer Banken 1870—1900, in Schmollers Staats- und Sozialwissenschaftlichen Forschungen, Bd. 20 Heft 6.

Hecht Dr. Felix, Geheimer Hofrat: das Hypothekenbankrecht, in der Holtzendorff-Kohlerschen Encyklopädie der Rechtswissenschaft, 6. — der Neubearbeitung 1. — Auflage. Berlin 1903, J. Guttentag.

Hecht Dr. Felix, Geheimer Hofrat: die Organisation des Bodenkredits in Deutschland, II. Abteilung, die Hypothekenbanken. 1. Bd. Leipzig 1903, Duncker und Humblot.

Hecht Dr. Felix, Geheimer Hofrat: die Sanierung notleidender Hypothekenbanken, die deutsche Treuhandgesellschaft; in den Schriften des Vereins für Sozialpolitik CXI. Bd. 7 S. 83 ff. Leipzig 1903, Duncker und Humblot.

von Henle Wilhelm, Ministerialrat: das bayerische Gesetz vom 18. März 1896 über die Inhaberpapiere mit sämtlichen Vollzugsvorschriften und Nebengesetzen, erläutert. Erlangen 1896, Palm und Enke.

Hillig Dr. C., Direktor der Leipziger Hypothekenbank, das Hypothekenbankgesetz, Bd. 106 der Leipziger juristischen Handbibliothek. Leipzig 1900, Roßberg und Berger.

Immerwahr Dr. Walter: Über die vermögensrechtliche Bewertung von Inhaberschuldverschreibungen im Besitze des Ausstellers in Holdheim's Monatsschrift für Handelsrecht und Bankwesen, Steuer- und Stempelfragen. IX. Jahrgang (1900) S. 269 ff.

Jacobi Dr. Ernst: die Wertpapiere im bürgerlichen Rechte des deutschen Reiches, in Fischers Abhandlungen zum Privatrecht und Zivilprozeß des deutschen Reiches, Bd. 8 (1901), Heft 1, S. 155 ff. Jena 1901, Gustav Fischer.

Jaeger Dr. Ernst, Universitätsprofessor: die Konkurs-Ordnung auf der Grundlage des neuen Reichsrechtes. 1. Aufl., Berlin 1902. J. J. Heines Verlag. 2. Aufl. Berlin 1908, J. Guttentag.[1])

Knappe: die Bilanzen der Aktiengesellschaften vom Standpunkte der Buchhaltung, Rechtswissenschaft und der Steuergesetze. Hannover und Berlin 1908, Karl Meier. (Besonders der Anhang hierher gehörig.)

Koehne Dr. Karl: die italienische Handelsgesetzgebung im Jahre 1895. In Goldschmidts Zeitschrift für das gesamte Handelsrecht, Bd. 47, S. 872. ff.

Kohler J., Universitätsprofessor, Leitfaden des deutschen Konkursrechts. 2. Aufl. Stuttgart 1908, Ferdinand Enke. (Besonders S. 111 ff. hierher gehörig.)

[1]) Vgl. neuestens Jaeger's Ausführungen in Holheim's Monatsschrift, Bd. XIII (1904) S. 4f.

Könige H., Oberlandesgerichtsrat: Kommentar zum Gesetze, betr. die gemeinsamen Rechte der Besitzer von Schuldverschreibungen. Tübingen, Freiburg i. B. und Leipzig, 1900. Verlag von J. C. B. Mohr (Paul Siebeck).

Könige H., Oberlandesgerichtsrat: Einfluß des Konkurses auf die Gläubigerschaft des Schuldverschreibungsgesetzes. In Buschs Zeitschrift für deutschen Zivilprozeß usw., Bd. 28 (1901) S. 414 ff. Berlin, Carl Heymanns Verlag.

Kritzler Ernst, Regierungsassessor: die Sanierung notleidender Hypothekenbanken, in den Schriften des Vereins für Sozialpolitik CXI, Bd. 7, S. 1 ff. Leipzig 1903, Duncker und Humblot.

Lehmann Bodo, Kais. Konsul z. D.: Bodenkredit und Hypothekenbanken. Berlin 1903, Puttkammer und Mühlbrecht.

Liman Karl, Geheimer Kommissionsrat: Beurteilung des Entwurfes für ein Reichshypothekenbankgesetz. Berlin 1898, Paul Scheller.

Lützeler Dr. Ivo, Direktor der Norddeutschen Grund=Kredit=Bank: Vorschläge zum Entwurf eines Hypothekenbankgesetzes. Weimar 1898, Hermann Böhlaus Nachfolger.

Lützeler Dr. Ivo, Direktor der Norddeutschen Grund=Kredit=Bank: die Schätzung von Grundstücken für die Beleihung, in Schmollers Jahrbuch für Gesetzgebung, Verwaltung und Volkswirtschaft im deutschen Reich, 26. Jahrgang (1902), S. 111 ff.

Merzbacher Sigmund, Rechtsanwalt und Justizrat, Hypothekenbankgesetz, erläutert. München 1900, C. H. Becksche Verlagsbuchhandlung, Oskar Beck.

Merzbacher Sigmund, Rechtsanwalt und Justizrat, Reichsgesetz, betr. die gemeinsamen Rechte der Besitzer von Schuldverschreibungen, erläutert. München 1900, C. H. Becksche Verlagsbuchhandlung, Oskar Beck.

Meyer Dr. M., Professor: die Pfandbriefe der Hypothekenbanken, 2. Aufl. Berlin 1901, W. T. Bruer.

Müller=Fürer Dr. Th.: die Hypothekenbanken und die Sicherheit der Hypotheken=Pfandbriefe. Berlin 1902, Hermann Walther.

Neue Normativbestimmungen für die preußischen Hypothekenbanken, veröffentlicht im deutschen Reichsanzeiger vom 7. Juli 1893, Nr. 160.

Pavlicek Dr. Anton: das Pfandbriefrecht. Wien 1895, Manz.

Petersen=Kleinfeller: Kommentar zur Konkursordnung, 4. Aufl., Lahr 1900, Moritz Schauenburg. (Besonders S. 814 ff. hierher einschlägig.)

Rehm Dr. Hermann, Universitätsprofessor: die Bilanzen der Aktiengesellschaften und Gesellschaften m. b. H., Kommanditgesellschaften auf Aktien, eingetragene Genossenschaften, Versicherungsvereine auf Gegenseitigkeit, Hypotheken= und Notenbanken und Handelsgesellschaften überhaupt. München 1903, J. Schweitzer Verlag (Arthur Sellier).

Riesser Dr. Justizrat: zur Kritik der Gesetzentwürfe, betr. das Hypothekenbankwesen und die gemeinsamen Rechte der Besitzer von Schuldverschreibungen. Beilageheft zum 47. Bd. der Zeitschrift für das gesamte Handelsrecht. Stuttgart 1898, Ferdinand Enke.

Rosendorff Dr. R.: Bankbrüche und Bankkontrolle. In Hirths Annalen des deutschen Reiches, Jahrg. 1902, S. 194 ff.

Rosendorff Dr. R.: die ersten praktischen Proben des Gesetzes, betr. die gemeinsamen Rechte der Besitzer von Schuldverschreibungen. In der deutschen Juristenzeitung VII. Jahrgang (1902), S. 388 ff.

Salings Börsenpapiere, insbes. erster (allgemeiner) Teil: die Börse und die Börsengeschäfte, 8. Aufl. Bearbeitet von Adolf Sandheim. Leipzig 1899, Verlag für Börsen- und Finanzliteratur A.-G. S. 19 ff.

Sarwey-Bossert: Kommentar zur Konkursordnung, 4. Aufl., Berlin 1901, Carl Heymann, (S. 541 ff.).

Schmidt Karl: die Hypothekenbanken und der großstädtische Realkredit. Berlin 1899, Puttkammer und Mühlbrecht.

Schultze Dr. Alfred, Oberlandesgerichtsrat und Universitätsprofessor: Treuhänder im geltenden bürgerlichen Rechte, in Jhrings Jahrbüchern für die Dogmatik des bürgerlichen Rechtes, Bd. 48, S. 1 ff., insbes. S. 96. ff. Jena 1901, Gustav Fischer.

Seidel Dr. jur., Regierungsrat: der Gesetzentwurf über die Errichtung einer hessischen Pfandbriefbank, nach der amtlichen Begründung dargestellt. In Hirths Annalen des deutschen Reiches, Jahrgang 1901, S. 850 ff.

Seidel Dr. jur., Regierungsrat: die rechtliche Sicherung der Pfandbriefgläubiger nach dem Reichshypothekenbankgesetz, auf Grund der Gesetzes-Materialien erörtert. In Holdheims Monatsschrift für Handelsrecht und Bankwesen, Steuer- und Stempelfragen. XI. Jahrgang (1902), S. 177 ff.

Seidel Dr. jur., Regierungsrat: die Ausgabe von Hypothekenpfandbriefen und die Hypothekenregister nach dem Reichshypothekenbankgesetz, auf Grund der Gesetzes-Materialien erörtert. In Hirths Annalen des deutschen Reiches, Jahrgang 1902, S. 878 ff.

Seuffert Dr. Lothar, Universitätsprofessor: die Pfandbriefgläubiger im Konkurs über das Vermögen einer Hypothekenbank. In Buschs Zeitschrift für deutschen Zivilprozeß und das Verfahren in Angelegenheiten der freiwilligen Gerichtsbarkeit, Bd. 27, (1900), S. 101 ff. Berlin, Carl Heymanns Verlag.

Simon Dr. Hermann Veit, Justizrat: die Bilanzen der Aktiengesellschaften und der Kommanditgesellschaften auf Aktien, 3. Aufl., Berlin 1899, J. Guttentag.

Stenglein Dr. M., Reichsgerichtsrat a. D.: die strafrechtlichen Nebengesetze des deutschen Reiches, erläutert, 3. Aufl, S. 261 ff. Berlin 1903, Otto Liebmann.

Tinsch Dr. H.: die Pfandbrieffrage in Deutschland nach ihrem dermaligen Stand und nach dem Entwurf eines bürgerlichen Gesetzbuches. Erlangen und Leipzig 1890, Georg Böhm.

Tobias Dr. Hermann: Disagiogewinn und Bilanz der Hypothekenbanken. In Holdheims Monatsschrift für Handelsrecht und Bankwesen, Steuer- und Stempelfragen, X. Jahrgang (1901), S. 78 ff.

Verhandlungen des 24. deutschen Juristentages, 3. Bd., S. 211 ff, 4 Bd., S. 208 ff., S. 365.

Vliebergh Em.: Le Crédit foncier (Allemagne, France, Italie), London, Leipzig, Paris 1899.

Voigt Dr. Paul: Hypothekenbanken und Beleihungsgrenze: Beitrag zur Frage der Mündelsicherheit der Hypothekenpfandbriefe. Berlin 1899, Georg Stilke.

Wagner Adolf, Geheimrat, Universitätsprofessor: Bankbrüche und Bankkontrolle, In der deutschen Monatsschrift für das gesamte Leben der Gegenwart 1901, Heft 1 und 2[1]).

Wegener Ed.: die Landschaften und die preußischen Hypotheken-Aktien-Banken, unter besonderer Berücksichtigung ihrer Beziehungen zu dem ländlichen Grundbesitze in Preußen. In Hirths Annalen des deutschen Reiches, Jahrgang 1898, S. 544 ff.

Wilmowski-Kurlbaum-Kühne Kommmentar zur Konkursordnung, 6. Aufl. Berlin, 1903, Franz Vahlen. Vorbemerkung zum 8. Titel, S. 264 ff.

Wittenberg Dr. Max, Dozent an der Humboldt-Akademie zu Berlin, praktische Beiträge zu einem Reichs-Hypothekenbank-Gesetz. Berlin 1899, Leonhard Simion.

Gesetzesmaterialien.

Bericht der X. Kommission des Reichstages über den Entwurf eines Hypothekenbankgesetzes. Stenographische Berichte über die Verhandlungen des deutschen Reichstages, 10. Legislaturperiode, 1. Session 1898/1900, Aktenstück Nr. 820, S. 2156 ff.

Bericht der X. Kommission des Reichstages über den Entwurf eines Gesetzes, betr. die gemeinsamen Rechte der Besitzer von Schuldverschreibungen. Stenographische Berichte über die Verhandlungen des deutschen Reichstages, 10. Legislaturperiode, 1. Session 1898/1900, Aktenstück Nr. 862, Seite 2848 ff.

Bericht der Budgetkommission des preußischen Hauses der Abgeordneten zu Kap. 101a der dauernden Ausgaben des Etats der landwirtschaftlichen Verwaltung für das Etatsjahr 1901. Sammlung der Drucksachen des preußischen Hauses der Abgeordneten, 19. Legislaturperiode, III. Session 1901, Drucksache Nr. 41, S. 1186 ff.

Entwurf (I) eines Hypothekenbankgesetzes, veröffentlicht in der ersten Beilage zum deutschen Reichsanzeiger Nr. 123 vom 26. Mai 1898.

Entwurf (I) eines Gesetzes, betr. die gemeinsamen Rechte der Besitzer von Schuldverschreibungen, veröffentlicht in der ersten Beilage zum deutschen Reichsanzeiger Nr. 124 vom 27. Mai 1898.

[1]) Hierzu: Deutscher Ökonomist vom 19. Oktober 1901 und 1. Februar 1902.

Erläuterungen[1]) zu dem Entwurf eines Hypothekenbankgesetzes; erste Beilage zum deutschen Reichsanzeiger Nr 123 vom 26. Mai 1898.

Erläuterungen[1]) zu dem Entwurf eines. Gesetzes, betr. die gemeinsamen Rechte, der Besitzer von Schuldverschreibungen; erste Beilage zum deutschen Reichsanzeiger Nr. 124 vom 27. Mai 1898.

Die beiden Entwürfe (I) und die beiden Erläuterungen auch als Separatabdruck in der Sammlung amtlicher Veröffentlichungen aus dem Reichs- und Staatsanzeiger 1898, Nr. 34. Berlin 1898, Carl Heymanns Verlag.

Entwurf (II) eines Gesetzes, betr. die gemeinsamen Rechte der Besitzer von Schuldverschreibungen; Verhandlungen des deutschen Reichstages, 10. Legislaturperiode, 1. Session 1898/1900, Aktenstück Nr. 105 S. 904 ff.

Entwurf (II) eines Hypothekenbankgesetzes; Verhandlnngen des deutschen Reichstages, 10. Legislaturperiode, 1. Session 1898/1900, Aktenstück Nr. 106, S. 924 ff.

Begründung (II) zu dem Entwurf eines Gesetzes, betr. die gemeinsamen Recht der Besitzer von Schuldverschreibungen; Verhandlungen des deutschen Reichstages, 10. Legislaturperiode, 1. Session 1898/1900, Aktenstück Nr. 105, S. 907 ff.

Begründung, (II) zu dem Entwurf eines Hypothekenbankgesetzes; Verhandlungen des deutschen Reichstages, 10. Legislaturperiode, 1. Session 1898/1900 Aktenstück Nr. 106, S. 931 ff.

Stenographische Berichte über die Verhandlungen des deutschen Reichstages 10. Legislaturperiode, 1. Session 1898/1900, Bd. II, 51. Sitzung vom 7. März 1899, S. 1390 D; Bd. II, 90. Sitzung vom 12. Juni 1899, S. 2493 B; Band III, 91. Sitzung vom 13. Juni 1899, Seite 2495 D.

Stenographische Berichte über die Verhandlungen des preußischen Hauses der Abgeordneten, 19. Legislaturperiode, 3. Session 1901, 54. Sitzung (Bd. 3 S. 3789 ff.) u. 55. Sitzung (Bd. 3 S. 3754 ff.).

Schließlich kommen die Statuten der Banken und zahlreiche Artikel in den Handelsteilen der großen Zeitungen, insbes. der „Frankfurter Zeitung" und des „Berliner Tageblattes", und in den Bank- und Börsen-Fachblättern in Betracht.

[1]) Zitiert als Begr. I.

A. W. Hayn's Erben, Berlin und Potsdam.

FSC
www.fsc.org
MIX
Papier | Fördert
gute Waldnutzung
FSC® C083411

Kolibri 360 GmbH
Ferdinand-Jühlke-Straße 7
99095 Erfurt, Deutschland
produktsicherheit@kolibri360.de